不動産オーナーの相続対策

新版 図解でわかる
なるほど！そうなのか！

税理士 今仲 清
税理士 坪多 晶子 著

清文社

はじめに

　長年改正のなかった民法が、判決や今の時代の実情に併せて大きく改正されています。自筆証書遺言の財産目録の緩和措置、遺留分制度に関する見直し、配偶者居住権等が施行され、法務局における自筆遺言証書の保管制度も始まっています。さらに、所有者不明土地等の民事基本法制の改正等が行われ、相続登記の申請義務化、土地利用の円滑化に関する民法改正、相続土地国庫帰属法が施行されています。住所変更登記の申請義務化や所有不動産記録証明制度も施行される予定となっており、目白押しのこれらの法改正により、土地所有者や資産家にとっては激動の時代の到来です。

　また、商業地をはじめ交通至便な都市圏を中心に地価が上昇していく一方、個別不動産の収益性は立地や企画条件により大きく異なります。土地所有者はこうした時代の流れをしっかりとつかみ、機動的な不動産活用を行い、プロの経営者としての能力を身につけることが求められているのです。

　いまや、財産債務調書の提出義務者が拡大され、金融資産へのマイナンバー利用の促進、所有不動産記録証明制度の令和8年2月の施行等により、資産や所得はますます透明化され、すべての財産を国が把握できるようになる可能性が高まり、相続税と贈与税の課税についても継続して検討されています。土地所有者の方々には不動産を守り、活かしていくために、相続と相続税の両面にわたり万全の対応をとらなければならないのです。

本書は、「相続税の仕組みと節税のヒント」や「知ってトクする土地建物評価のキホン」、「新時代の土地活用と節税アドバイス」から基礎を学び、「成功する生前贈与のポイント」、「不動産贈与の実践ノウハウ」、「小規模宅地等の特例の活用テクニック」、「不動産保有会社活用のススメ」で賢い活用法を習得し、「民法大改正！もめないための新・相続対策」、「不動産オーナーの賢い遺言書&信託活用」、「相続税で困らないための対策」でしっかり対策を実践できるように、具体的な事例をふんだんに織り込んでまとめました。

　不動産所有者の相続と相続税への対応は、その所有している土地の立地や広さ、それぞれの時価や相続税評価額、金融資産を含めた相続財産の総額、生命保険の加入状況、法定相続人の数やその構成などによって大きく異なります。このように一人ひとり異なる状況に応じてその対策も異なりますが、この本の中からあなたにぴったりの対策が必ず見つかるはずです。

　本書を読んで、「なるほど！ そうなのか！」とご理解いただき、図解でしっかり分かった上で、不動産オーナーの皆様が自分自身でよく納得され、自分自身の対策として実行されることをお勧めします。本書がその実行のためのバイブルとなることができれば著者一同これに勝る喜びはありません。

　令和6年7月

税 理 士　**今 仲　清**

税 理 士　**坪 多　晶 子**

CONTENTS 目次

第1章 相続税の仕組みと節税のヒント

01 相続人の範囲と法定相続分 ……… 2

02 相続税の課税の仕組みに節税のヒントが ……… 6

03 相続税の非課税財産を活用した対策 ……… 14

04 控除できる葬式費用・債務控除 ……… 17

05 養子縁組のメリットと注意点 ……… 20

第2章 知ってトクする土地建物評価のキホン

01 土地の評価単位 ……… 24

02 自宅の畑が一体評価とならない場合 ……… 30

03 相続分割後の状態で1画地を判定 ……… 32

04 分割により評価の変わる事例 ……… 36

05 複数利用の評価単位 ……… 39

06 「地積規模の大きな宅地」の評価 ……… 42

07 定期借地契約を土地活用に生かす ……… 46

08 貸地は借地権割合を控除して評価 ……… 54

09 分譲マンションの評価額が上昇 ……… 59

第3章 新時代の土地活用と節税アドバイス

01 賃貸物件取得で大きく下がる相続税 ……… 66

02 住宅用地に転用すれば固定資産税が大幅軽減 ……… 69

03 自宅用地の一部転用による対策 ······· 72

04 老朽貸家の整理で納税資金確保 ······· 75

05 郊外賃貸物件の都心部への買換え ······· 79

06 幹線道路沿い店舗用地の賢い貸し方 ······· 86

07 投資用不動産取得による節税対策の留意点 ······· 89

第4章　成功する生前贈与のポイント

01 両者の合意が贈与成立の条件 ······· 96

02 贈与税の計算はもらう人によって異なる ······· 100

03 相続と暦年課税による贈与の有利不利 ······· 104

04 賢く暦年課税による贈与をする基本 ······· 109

05 相続時精算課税制度のあらまし ······· 112

06 相続時精算課税制度のメリット ······· 117

07 扶養義務者からの生活費や教育費の贈与 ······· 121

08 相続税・贈与税の今後の動向 ······· 125

第5章　不動産贈与の実践ノウハウ

01 現金贈与か不動産贈与か ······· 134

02 値上がりする不動産を贈与するのがポイント ······· 137

03 不動産を有利な所有形態に直す贈与 ······· 141

04 収益建物の贈与は税金効果が高い ······· 144

05 収益建物を上手に贈与する注意点 ················· 148

06 配偶者へのマイホームのプレゼント ················· 152

07 子のマイホーム取得を支援する賢い方法 ············· 155

第6章　小規模宅地等の特例の活用テクニック

01 小規模宅地等の特例の適用の可否 ················· 160

02 被相続人が居住していた宅地等の適用要件 ··········· 164

03 生計一親族の居住用宅地等 ····················· 167

04 配偶者の特例適用の有利不利 ··················· 169

05 二世帯住宅は登記方法に注意 ··················· 171

06 老人ホーム等に入居している場合 ················· 173

07 特定事業用等宅地等の適用対象 ··················· 175

08 貸付事業用宅地等の適用要件 ··················· 178

第7章　不動産保有会社活用のススメ

01 会社設立のメリットと注意点 ··················· 182

02 個人所有か不動産保有会社かの判断基準 ············· 186

03 建物は誰が建築（所有）するのがよいか ············· 190

04 役員や家族従業員の給与・報酬への注意点 ··········· 194

05 個人から土地を借りるときの課税関係 ·············· 198

06 相当地代方式と無償返還方式 ··················· 201

07 長期勝負で考えるならやっぱり会社活用 ············· 205

08 会社活用で相続税を納める賢い方法 ……………………… 209

第8章　民法大改正！もめないための新・相続対策

01 "家督相続"に理解を求め均分相続に備える …………… 216

02 配偶者保護のための諸制度 ……………………………… 221

03 相続分計算上の特別受益の持戻し …………………… 228

04 相続開始時における遺産の権利状態 ………………… 232

第9章　不動産オーナーの賢い遺言書＆信託活用

01 法定相続分を変更することができる遺言 ……………… 238

02 自筆証書遺言の賢い活用法 …………………………… 243

03 遺言の限界と遺留分 …………………………………… 247

04 家族信託の仕組み ……………………………………… 253

第10章　相続税で困らないための対策

01 遺産分割協議が確定しないデメリット ………………… 260

02 遺産分割が確定しないと相続税上不利に ……………… 263

03 相続に有利な生命保険契約 …………………………… 268

04 「誰」が「何」を相続するかが節税のポイント ……… 273

05 生前に相続税の延納を理解し準備をする …………… 278

06 生前に相続税の物納を理解し準備する ……………… 284

※　本書は、令和6年7月1日現在の法令等に基づいています。

第1章

相続税の仕組みと節税のヒント

01

相続人の範囲と法定相続分

昭和23年1月1日に新民法が施行されるまで、
日本における相続は家督相続でした。
長く家督相続の慣行が残っていましたが、最近は民法の改正が相次ぎ、
相続人の権利主張が急速に一般化しつつあります。

相続と相続の開始

　「相続」とは、被相続人（亡くなった人）と一定の関係にある者が、被相続人の財産上の権利義務を法律上当然に承継することをいいます。相続は人の死亡によって被相続人の住所において開始します。積極財産だけではなく、消極財産（債務等）も承継することになり、被相続人が他人の債務の連帯保証人になっていた場合には、その保証債務も承継することになります。

相続人

　80年近く前までは、家督を継ぐ相続人がすべての財産を取得する家督相続でした。しかし、現民法の下では、被相続人の財産を承継する相続人は、民法の定める法定相続人で、遺言による相続人の指定は認められていません。法定相続人の相続順位も次のように定められています。

●親族・親等図表

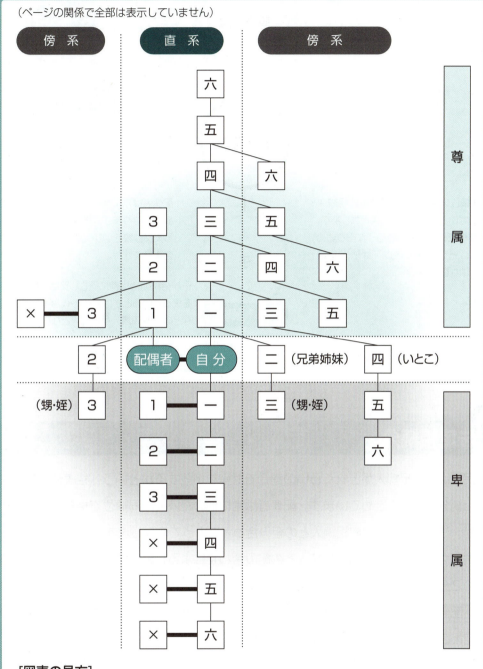

（ページの関係で全部は表示していません）

[図表の見方]
- 細い線は親子関係を表し、太い線は婚姻関係を表します。×は親族関係なしです。
- 漢数字は血族、アラビア数字は姻族を表します。数は自分からの親等を表します。
- 親等は婚姻関係では増加しません。
- 親族とは配偶者、6親等内の血族、3親等内の姻族をいいます。

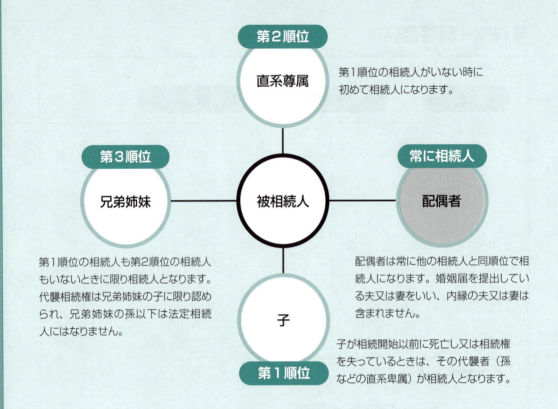

法定相続分

　民法は、各相続人がどれくらいの割合で財産を相続するかという「相続分」を「法定相続分」として定めています。配偶者は常に他の相続人と同順位で相続人になりますが、法定相続分は血族相続人との組み合わせによって変化します。

　例えば、第1順位の血族相続人との組み合わせによる相続の場合は、配偶者は全遺産の2分の1、第1順位の血族相続人である子らは全員で全遺産の2分の1となります。配偶者の第2順位の血族相続人である直系尊属との組み合わせの場合、配偶者の法定相続分は3分の2、直系尊属の法定相続分は3分の1になります。

　法定相続分の組み合わせは、どのようなご家族であっても必ず次の5通りの組み合わせに入ります。

●配偶者と血族相続人の組み合わせ

① 配偶者と子が相続人の場合

② 配偶者と直系尊属が相続人の場合

③ 配偶者と兄弟姉妹が相続人の場合

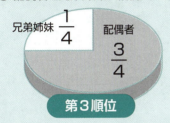

④ 配偶者しか相続人がいないとき

⑤ 配偶者がいないとき ➡ 子、直系尊属、又は兄弟姉妹のみが均分相続

共同相続における均分相続

　民法は、同じ順位の相続人同士の相続割合は、原則として同じである「均分相続」としています。配偶者がおらず子が3人の場合、子は均等に3分の1ずつの相続分となります。財産のほとんどが金融資産であればいいのですが、土地が中心の場合にその分割を平等にするとなると非常に困難となります。

　非嫡出子※の相続分はかつては嫡出子の2分の1とされていましたが、平成25年12月11日以後の相続については、非嫡出子の法定相続分も嫡出子と同じになっています。

※　婚姻関係にない男女から生まれる子をいい、婚外子ともいわれています。

02

相続税の課税の仕組みに節税のヒントが

相続税の課税の仕組みは非常に複雑ですが、

その仕組みに節税のヒントがあります。

例えば、基礎控除が法定相続人の人数で決まること、

非課税財産があること、財産評価の方法などです。

相続税の課税財産

　相続税の計算の基本的な仕組みは、まず、土地や預貯金、建物、有価証券、ゴルフ会員権、書画骨董などの財産の価額の総額から借入金などの債務と葬式費用を差し引いた正味の遺産総額を計算します。

　その他に相続の対象にはなりませんが、相続税の課税対象となる右のようなみなし相続財産があります。

　次に、相続又は遺贈によって財産を取得した者が被相続人から相続開始前７年（令和５年末までの贈与の場合は３年）以内に贈与によって取得した財産及び相続時精算課税によって贈与を受けた財産（基礎控除分を除く）を加算します。

● 主な相続財産

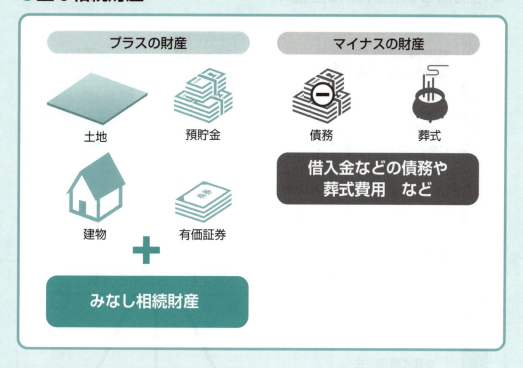

● 思わぬものに相続税がかかる「みなし相続財産」

生命保険金等	被相続人が保険料を負担し、被相続人が被保険者であった生命保険契約の保険金受取人が受け取った保険金は、民法上は受取人のもので被相続人のものではありません。しかし、被相続人が保険料を負担していたのですから、被相続人の相続財産とみなして相続税を課税することとしています。
退職手当金等	被相続人が死亡したことに起因して会社の退職金規定に基づいて相続人等が受け取った退職手当金等は、受取人のものです。しかし、被相続人が働いた結果、給付される性質のものですので、被相続人の相続財産とみなして相続税を課税することとしています。
生命保険契約に関する権利	被相続人が生命保険契約の保険料を負担し、契約者及び被保険者が被相続人以外の者である場合には、生命保険契約の解約返戻金等の金額について、契約者が相続したものとみなして相続税を課税することとしています。

●相続税の税額計算の仕組み

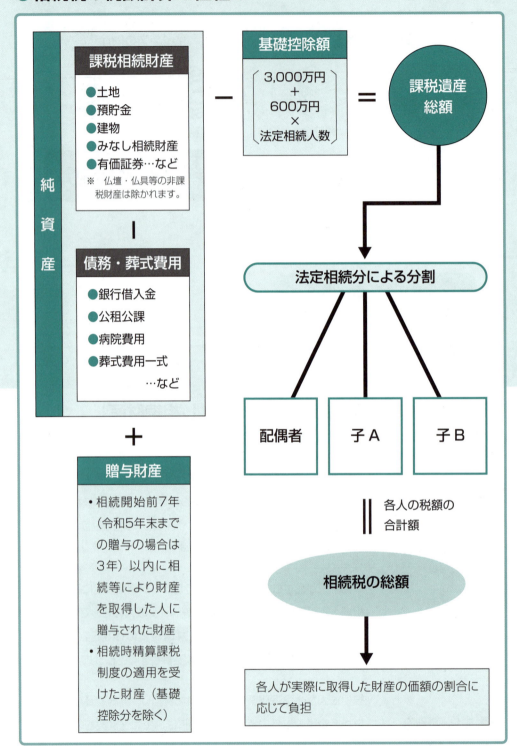

法定相続分で計算する相続税の総額

　これらの総合計から基礎控除額を差し引いた課税遺産総額を相続人が法定相続分で取得したものとして計算したそれぞれの金額に、相続税の税率を適用して各人の相続税額を計算します。その各人の相続税額の合計額が相続税の総額となります。したがって、相続税の総額の計算は、原則として実際の遺産分割とは関係なく行われます。

アドバイス

　例えば、孫を養子にすると法定相続人が1人増え、基礎控除額が600万円増加します。また、1人当たりの法定相続分による各人の課税価格が減少します。子の配偶者や孫を養子にすれば、結果として相続税が減少するのです。

各人の相続税額

　相続税の総額を課税価格の合計額で除して各人が取得した課税価格を乗じて計算して得た金額が各人の相続税額となります。各人の相続税額をそのまま納付するのではなく、以下のような取扱いがあります。

配偶者に対する相続税額の軽減

　配偶者には、配偶者に対する相続税額の軽減という制度があります。財産は夫婦で築き上げてきたものであり、配偶者の貢献に対しては税額を軽減しようという趣旨で設けられています。配偶者が取得した財産のうち、法定相続分と1億6,000万円とのいずれか大きいほうの金額まで税額が軽減され、相続税はかかりません。

アドバイス

　配偶者の税額軽減を利用すると、確かに限度額までは相続税がかかりません。しかし、配偶者に相続が起きた時には通常の相続税がかかります。このことを2次相続といいますが、配偶者が固有の財産を多額に保有しているとその上に相続財産が加算されますので、相続税率の高い部分が課税されることになります。

　多額に保有していない場合でも、被相続人の財産が多い場合には、軽減される限度額を相続すると1次相続・2次相続の合計額が過大になることがあります。1次相続・2次相続合計の相続税額が最小になる分岐点まで1次相続で配偶者が相続することを検討する必要があるでしょう。

　ただし、2次相続の開始までの期間が長く、その間に相続した財産を消費し、対策してしまうのであれば限度いっぱい相続するのも一つの考え方です。

未成年者控除

　相続人が18歳未満の未成年者の場合、相続人が満18歳に達する年数×10万円の金額が、その相続人の相続税額から控除されます。

　なお、控除しきれない金額については未成年者の扶養義務者から控除することができます。

アドバイス

　未成年者の孫を養子にした場合、その孫や扶養義務者が未成年者控除の適用を受けることが可能です。

障害者控除

　相続人が障害者である場合には、相続人が満85歳に達するまでの年数×10万円の金額が、その相続人の相続税額から控除されます。また、相続人が特別障害者である場合には、相続人が満85歳に達するまでの年数×20万円の金額がその相続人の相続税額から控除されます。

　なお、控除しきれない金額については、その障害者の扶養義務者から控除することができます。

アドバイス

　障害者の孫を養子にした場合、孫や扶養義務者が一般障害者控除又は特別障害者控除の適用を受けることが可能です。

●未成年者控除と障害者控除

未成年者控除	満18歳に達するまでの年数　×	10万円
一般障害者控除	満85歳に達するまでの年数　×	10万円
特別障害者控除		20万円

第1章　相続税の仕組みと節税のヒント

●一般障害者・特別障害者の範囲

一般障害者	特別障害者
① 精神保健指定医等の判定により知的障害者とされた者	① 精神上の障害により事理を弁識する能力を欠く常況にある者又は左の①のうち、重度の知的障害者とされた者
② 精神障害者保険福祉手帳に障害等級が二級又は三級である者として記載されている者	② 精神障害者保険福祉手帳に障害等級が一級である者として記載されている者
③ 身体障害者手帳に障害の程度が三級から六級であると記載されている者	③ 身体障害者手帳に障害の程度が一級又は二級であると記載された者
④ 戦傷病者手帳の交付を受けている者のうち、障害の程度が恩給法に定める第四項症から第六項症等と記載されている者	④ 戦傷病者手帳の交付を受けている者のうち、障害の程度が恩給法に定める特別項症から第三項症までである者と記載されている者
	⑤ 原子爆弾被爆者に対する援護に関する法律第11条第1項の規定による厚生労働大臣の認定を受けている者
⑤ 常に就床を要し、複雑な介護を要する者のうち、その障害の程度が上記①又は③に準ずる者として市町村長等の認定を受けている者	⑥ 常に就床を要し、複雑な介護を要する者のうち、その障害の程度が上記①又は③に準ずる者として市町村長等の認定を受けている者
⑥ 精神又は身体に障害のある年齢65歳以上の者で、その障害の程度が上記①又は③に準ずる者として市町村長等の認定を受けている者	⑦ 精神又は身体に障害のある年齢65歳以上の者で、その障害の程度が上記①又は③に準ずる者として市町村長等の認定を受けている者

（注） 相続開始時において身体障害者手帳等の交付を受けていない場合であっても、次のすべての要件を満たしていれば障害者控除を受けることができます。なお、障害者控除は相続開始時において日本に住所を有することが適用の条件です（居住無制限納税義務者という）。

- 相続税の期限内申告書を提出する時において、これらの手帳の交付を受けていること又は手帳の交付申請中であること
- 医師の診断等により、相続開始の現況において、明らかに身体障害者手帳等に記載される程度の障害があること

孫等には相続税が2割増し

相続又は遺贈によって財産を取得した者が、その被相続人の一親等の血族及び配偶者以外の場合には、その者の相続税額に、その者の相続税額の2割を加算した金額を納付する必要があります。この場合、代襲相続人となった孫などは2割加算の対象となりません。それ以外で孫を養子にした場合に、その親つまり被相続人からみると子が健在の場合には2割加算の対象となります。

贈与税額控除

相続又は遺贈によって財産を取得した者が、被相続人から相続開始前7年（令和5年末までの贈与の場合は3年）以内に贈与によって取得した財産及び相続時精算課税によって贈与を受けた財産（基礎控除分を除く）は相続税の課税価格に算入されますが、これらの贈与によって納付した贈与税がある場合には、その者に係る相続税額から控除されます。

相次相続控除

短期間に相続が相次ぐと相続税の負担が過重になるため、相続税を調整する相次相続控除という制度が設けられています。1次相続から2次相続までの期間が10年以内の場合に年数を考慮した一定の計算式で計算された相次相続控除額が控除されることになります。

外国税額控除

海外に相続財産がある場合には、国外財産にも日本の相続税が課税されることがありますが、その国の相続税に相当する税が課されている場合には、二重課税になりますので、一定要件のもと一定の金額が日本の相続税額から控除されます。

第1章　相続税の仕組みと節税のヒント

03

相続税の非課税財産を活用した対策

相続税の課税対象は、被相続人の相続財産及び
みなし相続財産並びに生前贈与加算の対象となるものです。
しかし、社会政策的配慮等から非課税財産を定めています。
これらを利用することも上手な節税です。

生前にお墓や仏壇を購入しておく

被相続人が所有する墓所、霊廟、祭具並びにこれらに準ずるものについては相続税が非課税とされています。生前に自らの墓地や墓石、仏壇などを購入しておけば、その分金融資産が減少するため、相続税の課税価格も減少し相続税は減少します。先祖からのものがある場合は別ですが、必要な場合は課税されてしまって残った財産から仏壇などを購入しなければならないため、事前対策として重要といえるでしょう。

生命保険金等の非課税枠

被相続人の死亡によって相続人が生命保険金等を受け取った場合、被相続人が保険料を負担していた部分に対応する保険金額については、一定の金額について相続税が非課税となります。この場合、相続を放棄した者や相続権を失ったものについては適用を受けることができません。最近では被保険者の年齢が 95 歳まで加入できる生命保険契約などがあります。

相続人1人当たり500万円非課税

　例えば、子2人と代襲相続人である孫2人の合計4人の相続人がいる85歳の方が、自らを被保険者、保険金受取人を相続人4人として2,000万円の保険料を支払い、2,000万円の一時払い終身保険契約を結んだとします。預貯金2,000万円が減少し、相続人4人が受け取る生命保険金2,000万円がみなし相続財産として課税対象となります。しかし、以下の計算式のとおり、課税対象となった2,000万円から非課税金額2,000万円が控除されますので、結果的に相続税は課されません。保険契約に加入せず、預貯金2,000万円のまま相続を迎えると全額が課税対象となります。ぜひ検討したいところです。

〈生命保険金等の非課税金額〉

500万円 × 法定相続人の数 ＝ 生命保険金等の非課税金額

例　500万円 ×　4人　＝ 2,000万円
　　　　　　（子2人+孫2人）

生命保険金2,000万円

みなし相続財産（課税対象）

非課税金額2,000万円が控除

退職手当金等の非課税枠

　被相続人の死亡によって相続人が取得した被相続人に支給されるべきであった退職手当金等についても、一定の金額について相続税が非課税となります。相続を放棄した者や相続権を失ったものについて除かれるのは生命保険金等と同様となっています。退職金は会社の退職金規定などに基づいて、被相続人が死亡した場合には退職金規定で定められた人に支払われます。同族会社の場合には、勤務実態や適正な退職金額であるかどうか、退職金規定の有無、役員の場合には議事録なども退職金の非課税規定の適用において重要です。

アドバイス

　不動産経営者は、一定規模の不動産事業を行っていれば小規模企業共済制度に加入できます。亡くなった時には事業廃止とされ、掛金に応じた一定の共済金（死亡退職金）が支給されます。当然、これには非課税枠が適用されますので、非常に有利な制度となっています。

〈退職金手当等の非課税金額〉

500万円 × 法定相続人の数 ＝ 退職手当金等の非課税金額

弔慰金

　被相続人の死亡によって相続人その他の者が受ける弔慰金、花輪代、葬祭料等は、業務上の死亡の場合には普通給与の36か月分、業務上以外の死亡の場合には普通給与の6か月分は非課税とされ、これを超える分は退職手当金等とされます。また、労災の遺族補償給付及び葬祭料、健康保険の埋葬料等も非課税となります。

非　課　税	退職手当金

業務上　普通給与×36か月分
（業務上以外は6か月分）

04

控除できる
葬式費用・債務控除

相続税の課税価格の計算上、被相続人の相続開始時点の財産から
葬式費用や未払いになっている固定資産税や病院の費用、
借入金債務などを控除することができます。

財産から控除できる葬式費用の範囲

　相続又は遺贈によって財産を取得した者が、その被相続人の債務や葬式費用を負担
するときは、その分だけ税金を負担する能力が減殺されますので、相続税の課税価格
の計算上、被相続人の債務や葬式費用を控除することとしています。

葬式費用に なるもの	葬式や葬祭に際し、又はそれらの前において、埋葬、火葬、納骨又は遺がい若しくは遺骨の回送その他に要した費用、密葬費用、お通夜の費用、本葬費用がこれに当たります。また、お布施など葬式に際して施与した金品で被相続人の職業、財産その他の事情に照らして相当程度と認められるものや葬式の前後に生じた通常葬式に伴って必要と認められるものが控除の対象となります。
葬式費用に ならないもの	香典の返戻費用や墓碑及び墓地の購入費や墓地の借地料、初七日や四十九日の費用などは葬式費用とはなりません。

第1章　相続税の仕組みと節税のヒント

債務は確実なものに限る

　相続財産から控除できる債務は、相続開始の際、現に存するもので確実と認められるものに限られます。適用される範囲は相続人の国籍や国内に住所がある期間によって異なります。ここではいずれも日本に住所を有する人という前提でその範囲をまとめます。未払いの所得税・住民税、固定資産税、医療費、銀行からの借入金、預り保証金などが債務控除の対象となります。

「借金すれば相続税が安くなる」は勘違い

　「借金すると相続税が安くなる」と思い込んでおられる方がいらっしゃいます。正確には、借金をして評価が下がるものを取得するから評価額が下がった分相続税が安くなるのです。その典型が賃貸物件の取得です。別に借金をしなくとも、預金を解約して自己資金で同じことをすれば効果は変わりません。違いは支払利息が生じるか預金利息がなくなるかです。

賃貸住宅を相続した相続人の債務の問題解決

　一般的には、賃貸住宅の相続人がその建物取得のための借入金を全額引き受けることに、相続人間で合意するものと思われます。ところが民法では、法定相続によって相続人全員が相続分に応じて債務を相続します。そこで、債権者と交渉して免責的債務引受けにしておくと、他の相続人が将来思わぬ債務の負担をすることはなくなります。

債務を一本化している場合

　複数の賃貸物件を所有している場合に、借入金を一本化していることがあります。例えば、A、B、Cそれぞれの物件を3人が単独でそれぞれを相続し、1本の債務を3分の1ずつ引き受けることに合意した場合、債務は1本なので法的には連帯して借入金を引き受けることになります。相続税の申告上は3分の1ずつ債務控除することができますが、民法上の債務引受けは他の相続人の債務に対しても連帯して引き受けるリスクを負っていることになります。

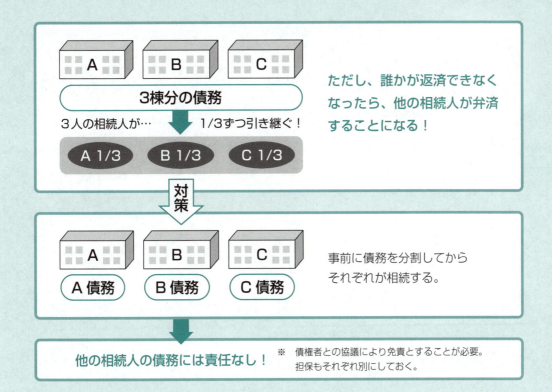

物件ごとの免責的債務引受けに

　このようなリスクを避けるためには、それぞれの債務に対する担保をその物件のみとする3本の債務に分割するとよいでしょう。債権者と協議をして、分割された債務をそれぞれが単独で免責的債務引受けとすると、他の人の債務については返済の義務がなくなるからです。

負担付遺贈で事前に意思表明しておくことも

　債務の相続は法定相続しかできないので、事前に手を打つならば遺言書で借入金を引き受けることを条件に、賃貸建物とその敷地を相続させるという方法もあります。債権者に異議がなければ、債務と財産を誰に引き継がせるかという意思を明確にすることになりますので、「もめる相続」を防ぐことにもなるからです。

05 養子縁組のメリットと注意点

養子縁組は、当事者の合意と手続きで何人でも行うことができます。
しかし、相続税の基礎控除や各人の
相続税額を計算する際の人数、生命保険金等・退職手当金の
非課税限度額の計算等には制限が設けられています。

民法では養子縁組に人数制限はない

民法上、養子を迎えることに人数制限はありません。孫や子の配偶者など10人以上を養子にして相続税の基礎控除を増やし、1人当たりの各人の相続税額を少なくする対策が一時期横行したことがありました。日本の伝統的な家制度を維持するために実子がいない場合や、商家が事業を維持発展させるために優秀な男子を婿養子に迎えるなどのために作られた制度が相続税の節税対策のために利用されたための規制です。

よって、民法上は何人を養子にしても問題はないのです。

実子がいる場合といない場合の計算

民法上養子縁組は何人でもできますが、相続税の計算上次のように制限されます。

養子制限

被相続人に実子がある場合……1人
被相続人に実子がない場合……2人

ただし、次のような場合の養子については、被相続人と養子縁組により養子となった場合でも実子とみなされ、上記の制限の対象になりません。

例外

特別養子縁組による養子
配偶者の実子で被相続人の養子となった者

養子縁組の規制が適用されるのは次のような規定です。

基礎控除計算の際の法定相続人数

配偶者がおらず、実子は2人でしたが、孫4人も養子縁組をしていました。規制の適用がないと基礎控除は3,000万円＋600万円×6人＝6,600万円となります。規制の適用があるため基礎控除は3,000万円＋600万円×3人（子2人＋養子のうち1人）＝4,800万円となります。

```
3,000万円 ＋ 600万円 × 6人 ＝ 6,600万円  →  ×
3,000万円 ＋ 600万円 × 3人 ＝ 4,800万円  →  ○
```

各人の相続税額の計算

　基礎控除後の課税遺産総額が2億4,000万円とすると、この規制により相続税の総額は次のように1,500万円も違います。

①法定相続人を6人とした場合

・2億4,000万円÷6人＝4,000万円

・4,000万円×20％－200万円＝600万円

・（相続税の総額）600万円×6人＝**3,600万円**

②法定相続人を3人とした場合

・2億4,000万円÷3人＝8,000万円

・8,000万円×30％－700万円＝1,700万円

・（相続税の総額）1,700万円×3人＝**5,100万円**

生命保険金等の非課税金額

　500万円×法定相続人数の非課税金額を計算する場合の法定相続人数についても、上記「基礎控除計算の際の法定相続人数」の例では3人で計算しますので、非課税金額は1,500万円となります。

　退職手当金等の非課税金額も、同様です。

2割加算の対象

　民法上養子は実子と同じとされていますが、孫養子については、孫の親である被相続人の子が被相続人より先に死亡している場合を除き、2割加算の対象とされます。

　未成年者控除、障害者控除については孫養子であっても適用することができます。

第2章

知ってトクする
土地建物評価のキホン

01

土地の評価単位

土地の評価は時価で行うこととされていますが、
形状や利用形態、地目など様々な要素があります。
そこで、土地を評価する場合の評価単位には、
それらに応じたルールが決められています。

土地評価の基本

土地を評価する場合の評価単位は、原則として地目ごとに1単位とし、同じ地目でも1つの利用形態ごとに1画地として評価することとしています。

地目が別でも1画地になる場合も

2以上の地目からなる場合であっても、一体として利用されている時には、その一団の土地ごとに評価することになります。

地目には、①宅地、②田、③畑、④山林、⑤原野、⑥牧場、⑦池沼、⑧鉱泉地、⑨雑種地があります。ただし、登記地目ではなく、相続開始日や贈与日などの課税時期の現況の地目によって判断することになります。

例えば29ページの路線価方式による土地評価の例は、地目が別でも一体評価する場合の評価額の計算例です。

●土地評価の流れ

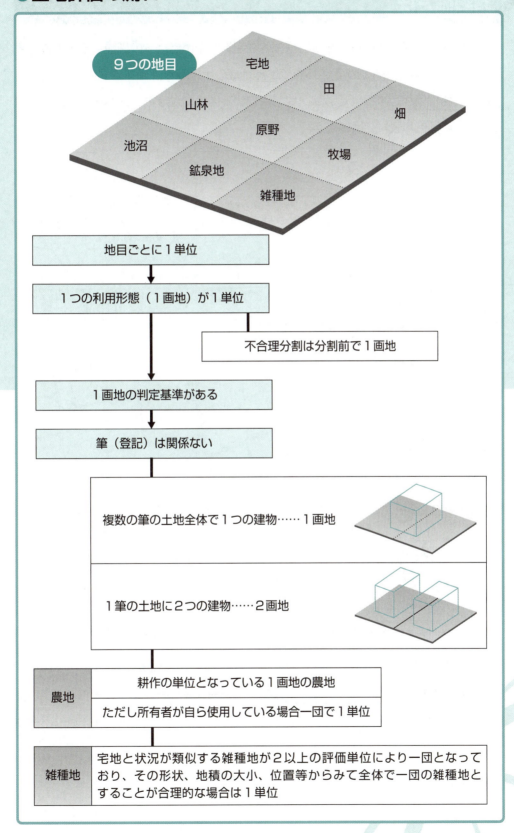

路線価とは

　路線価は、路線（道路）に面する標準的な宅地の1㎡当たりの価額（千円単位で表示）のことであり、路線価が定められている地域の土地等を評価する場合に用います。
　なお、路線価が定められていない地域については、国税庁ホームページの市区町村ごとの「評価倍率表」を用います。

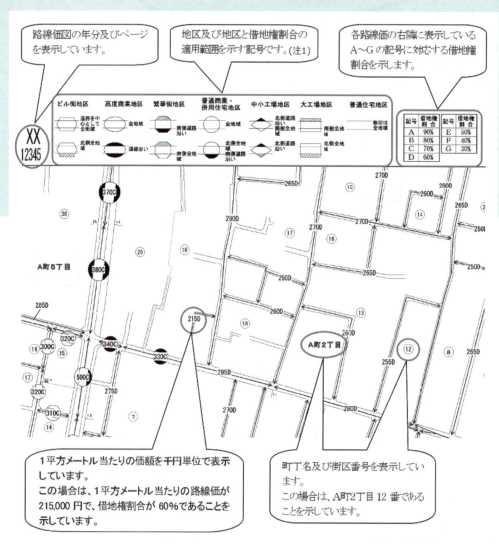

（出典：国税庁ホームページ）

●路線価図・評価倍率表（国税庁ホームページ）

（出典：国税庁ホームページ）

●宅地・建物の評価方法

（1）不動産
イ　宅地
　　宅地の評価方法には、【路線価方式】と【倍率方式】があります。
【路線価方式】
　　路線価が定められている地域の評価方法です。路線価とは、路線（道路）に面する標準的な宅地の1平方メートル当たりの価額のことで、「路線価図※」で確認できます。
　　宅地の価額は、原則として、路線価をその宅地の形状等に応じた調整率※で補正した後、その宅地の面積を掛けて計算します。

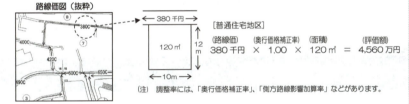

[普通住宅地区]
（路線価）　（奥行価格補正率）　（面積）　　（評価額）
380千円　×　1.00　×　120㎡　＝　4,560万円

（注）調整率には、「奥行価格補正率」、「側方路線影響加算率」などがあります。

【倍率方式】
　　路線価が定められていない地域の評価方法です。宅地の価額は、原則として、その宅地の固定資産税評価額（都税事務所や市（区）役所又は町村役場で確認してください。）に一定の倍率（倍率は「評価倍率表※」で確認できます。）を掛けて計算します。

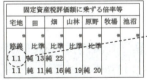

（固定資産税評価額）　（倍率）　（評価額）
1,000万円　×　1.1　＝　1,100万円

（注）評価倍率表の「固定資産税評価額に乗ずる倍率等」の「宅地」欄に「路線」と表示されている地域については、路線価方式により評価を行います。

※　「路線価図」や「評価倍率表」は、国税庁ホームページ「財産評価基準書 路線価図・評価倍率表」【https://www.rosenka.nta.go.jp】で確認することができます。
　　また、「調整率」に関する具体的な数値については、国税庁ホームページ「財産評価基準書 路線価図・評価倍率表」の「評価明細書・調整率表」【https://www.rosenka.nta.go.jp/docs/meisai_frm.htm】で確認することができます。

ロ　建物
　　原則として、固定資産税評価額（都税事務所や市（区）役所又は町村役場で確認してください。）により評価します。

（注）令和6年1月1日以後に相続などにより取得した「居住用の区分所有財産」（いわゆる分譲マンション）については、宅地（敷地利用権）及び建物（区分所有権）の価額に一定の補正をして評価する場合があります（詳しくは、国税庁ホームページに『「居住用の区分所有財産」の評価が変わりました』【https://www.nta.go.jp/publication/pamph/pdf/0023011-040_01.pdf】を掲載していますので、ご覧ください。）。

「居住用の区分所有財産」の評価が変わりました

（出典：国税庁「R6.4 相続税のあらまし」）

第2章　知ってトクする土地建物評価のキホン

27

正面路線価と奥行価格補正

　右の例は、2面の道路に面していますが、奥行きの長さに応じて奥行価格補正率による調整を行います。

　この例の地域は普通住宅地区ですので、奥行き100mに応ずる割合0.8を路線価にかけ、80千円となります。もう一方は60千円で、奥行価格補正率が普通住宅地区の奥行き30mですから0.95をかけ、57千円となります。この段階で高いほうの80千円が正面路線価となります。

側方路線影響加算

　側方路線価が57千円ですので、角地の側方路線影響加算率0.03を乗じて計算した金額を正面路線価の80千円に加算して1㎡当たりの評価額を計算します。

その他の影響調整率

　この例にはありませんが、上記以外にも二方路線影響加算率表、不整形地補正率表、間口狭小補正率表、奥行長大補正率表、がけ地補正率表などによって土地の個別の状況に応じた調整を行って評価をすることとなります。

地積は実測が原則

　土地の面積のことを地積といいますが、登記上の面積と実際の面積とが異なる場合があります。登記面積より実際の面積が多いことを縄延びといいますが、縄延びの多い市街地農地などの場合には大きな差になることもあります。地積は実際の面積で評価することを原則とします。

●地目が別でも一体評価する場合（ゴルフ練習場の例）

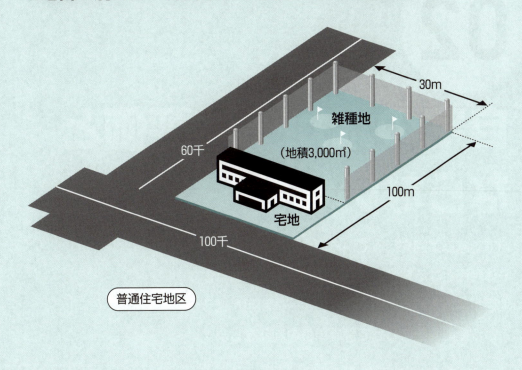

設例　ゴルフ練習用地の評価額の計算例

① 1㎡当たりの評価額

- 正面路線価を基にした価額の計算

　　正面路線価　　　奥行100mの奥行価格補正率　　　正面路線価を基にした価額
　　100千円　　×　　0.8　　＝　　80千円

- 側方路線影響加算額の計算

　　側方路線価　　奥行30mの奥行価格補正率　　側方路線影響加算率　　側方路線影響加算額
　　60千円　　×　　0.95　　×　　0.03　　＝　　1,710円

- 1㎡当たりの評価額

　　正面路線価を基にした価額　　側方路線影響加算額　　1㎡当たりの評価額
　　80千円　　＋　　1,710円　　＝　　81,710円

② 全体の評価額

　　1㎡当たりの評価額　　地積　　評価額
　　81,710円　　×　　3,000㎡　　＝　　2億4,513万円

02
自宅の畑が一体評価とならない場合

自宅で家庭菜園を行っている場合には、
一体評価となる場合と別評価となる場合があります。
地目が農地であるということと、一体利用かどうか
という機能面をあわせて評価単位の判断をします。

別地目で別々に機能があれば別評価

　自宅の一部で家庭菜園を行っていることがよくあります。敷地のごく一部で野菜を少しだけ作っている場合には、通常は自宅用地として一体評価でしょう。

　次の例は、150㎡の畑と庭を低い柵で区切り、畑として登記しているものです。24ページで説明したように、地目ごとに評価するのが原則です。農地の場合には農地法による農業委員会への転用申請又は市街化区域の場合には届出が必要です。

　家庭菜園とはいえ自宅の一部として一体的に利用しているのに、ゴルフ練習場の一体利用とどう違うのかというと、ゴルフ練習場の場合は両者が一体として利用されないことには機能を果たすことができません。一方、自宅の場合はそれぞれ独立して利用することができます。ここに大きな違いがあります。

●自宅敷地の一部を家庭菜園にしたケース

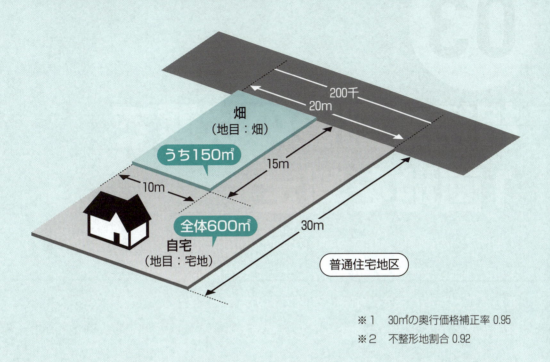

※1　30㎡の奥行価格補正率 0.95
※2　不整形地割合 0.92

畑　　200千円 × 150㎡ ＝ 3,000万円

宅地　（200千円 × 0.95※1）× 0.92※2 × 450㎡ ＝ 7,866万円

合計　3,000万円 ＋ 7,866万円 ＝ 1億866万円

03

相続分割後の状態で 1画地を判定

1画地ごとの評価は、相続分割後の状態の利用状況に
よって評価しますので、分割方法によって評価額が
変わることもあります。相続人の間でもめることもなく、
評価も低くなるように分割することが理想です。

相続等によって取得した土地ごとに評価

　相続等によって取得した土地の評価は、被相続人が所有していた時の状態ではなく、相続人等が相続等によって取得した土地ごとに評価することになります。1画地になるかどうかは主に次のような基準によって判断します。

　なお、登記している土地の1つの単位を1筆といいますが、同じ地目の2筆以上の土地が一体利用されていれば全体で1つの評価単位となりますし、1筆の土地が2以上の利用形態であればその利用単位ごとの評価単位となります。

① 宅地を居住用、事業用の２つの用途に利用していても、その所有と利用を自ら行っている場合には１画地とします。

② 一団の宅地のうち、一部を貸地、残りを自己使用の場合にはそれぞれを１画地とします。

③ 貸家建付地を評価する場合において、貸家が複数あるときは、原則として、各棟の敷地ごとに１画地の宅地とします。

④ 一団の宅地の一部について普通借地権や定期借地権を設定させ、残りを貸家の敷地としている場合には、それぞれを１画地とします。

⑤ 普通借地又は定期借地で土地を複数の者に貸している場合には、同一人に貸し付けられている部分ごとに１画地の宅地とします。

⑥ 複数の土地所有者から土地を普通借地や定期借地で賃借して一体として利用している場合において、その借地権の評価に当たっては、全体を１画地として評価します。一方、貸主側の貸宅地としての評価に当たっては、各貸主の所有する部分ごとに区分して、それぞれを１画地として評価します。

⑦ １棟の建物の敷地の用に供されている宅地は、その全体を１画地として評価します。

一団の使用貸借中の土地をそれぞれが相続

被相続人が保有していた土地を、子であるＡ、Ｂ、Ｃが被相続人から土地を無償で借りて、それぞれ自分の家を建てて住んでいたとします（右の例参照）。相続でそれぞれが住んでいる敷地をそれぞれが相続し、被相続人が住んでいた土地をＡが相続した場合、評価額は以下のようになります。

相続開始前の評価額

相続開始前の評価は、Ａ、Ｂ、Ｃそれぞれの自宅の敷地は地代を支払っていない「使用貸借」ですから、被相続人の自宅の敷地と同じ用途と判断され、全体の敷地を一体で評価することになり、１億 7,604 万円の評価額となります。

分割後の評価額

まず、土地を家の敷地ごとに分筆します。ＡはＡの自宅の敷地と被相続人の住んでいた家の敷地を相続しますので、この２つの土地を一体で評価します。ＢはＢの家の敷地を相続しますので、その敷地が１画地となり、Ｃについても同様です。

この例の①のときには全体を１画地として評価しますので、側方加算の影響が全体に及び評価が高くなります。②のときには、Ｂの１㎡当たりの評価額は上昇しますが、Ａ及びＣの１㎡当たりの評価額が下がり、合計では 78 万円評価額が下がります。

Ａが土地を相続、無償でＢとＣに貸した場合

Ａがすべての土地を相続し、今までどおり土地を無償でＢとＣに貸した場合には、評価額はこの例の①の１億 7,604 万円となります。このような事例の場合、通常は②のような分割方法をとれば、評価額の合計額も低くなり、かつ、それぞれの利用形態が独立するでしょう。

● 使用貸借中の土地を複数相続人が相続した場合

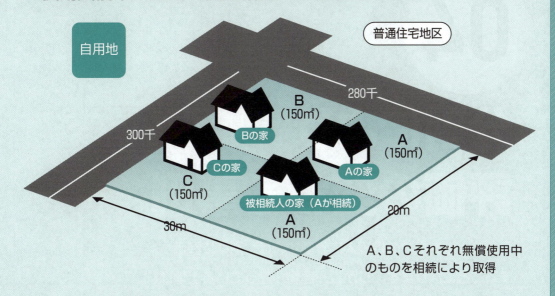

- Aの部分は合わせて1利用単位として評価します。
- B、Cはそれぞれを1利用単位として評価します。

① 被相続人所有時の評価額

- 300千円 × 0.95 = 285千円（正面路線価）
- 280千円 × 1.0 = 280千円（側方路線価）
- 285千円 + 280千円 × 0.03 = 293.4千円
- 293.4千円 × 600㎡ = 1億7,604万円

② 相続後の評価額

Aの土地
280千円 × 300㎡ = 8,400万円

Bの土地
(300千円 + 280千円 × 0.03) × 150㎡ = 4,626万円

Cの土地
300千円 × 150㎡ = 4,500万円

合計 1億7,526万円

04

分割により
評価の変わる事例

更地の土地を複数の相続人に分割すれば、別々に評価
することになります。しかし、建物が建っている土地は、
同じように分割しても、建物と土地の関係を
切り離すことはできませんので、一体評価します。

更地と建物の敷地は同じ分割でも違う評価額

　37、38ページの例のように、全く同じ条件の土地で、更地状態の土地と敷地全
体に建物が建っている場合とでは、同じように分割しても評価額が異なります。

更地を利用可能な2つの土地に分割して相続

　右の例のように、一団の土地を2つに分割してそれぞれが相続すると、相続によっ
て取得した土地ごとに評価しますので、A土地、B土地それぞれを1評価単位として
評価します。

●更地を分割して相続するとそれぞれで評価

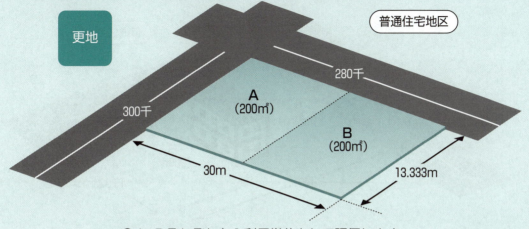

● A、Bそれぞれを1利用単位として評価します。

A　300千円 ＋ 280千円 × 0.03 ＝ 308.4千円
　　308.4千円 × 200㎡ ＝ 6,168万円
B　280千円 × 200㎡ ＝ 5,600万円
　　　　　　　　　　　計　1億1,768万円

建物を分離するように分割しても一体評価

　一方、38ページの例のように、建物の敷地をA土地とB土地に分割して、それぞれ違う相続人が相続しても、この土地は建物全体で利用していますので一体で評価します。

● **敷地全体を一体で評価**

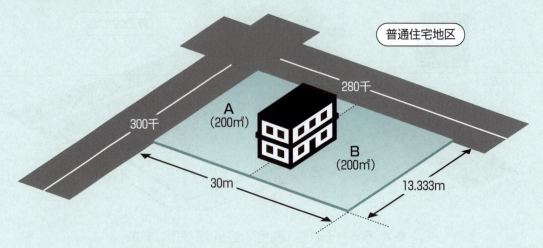

● A、Bを合わせて1利用単位として評価します。

300千円 × 0.95 ＝ 285千円

285千円 ＋ 280千円 × 0.03 ＝ 293.4千円

293.4千円 × 400㎡ ＝ 1億1,736万円

相続で上手に分割するには事前準備が重要

　34ページのように、相続する上では、必ず土地を分筆してそれぞれ土地が別々地番の土地として登記した上で、各相続人が相続しなければなりません。区画整理で換地を受けた土地以外は、分筆の際には隣地との境界確定をし、測量した上で登記しなければならないことも多く、その場合には相当な費用が必要になります。

　相続が起きてからですと、これらの費用は相続財産から控除することができません。将来の相続に備え、評価引下げ対策と争いのない分割をするための準備として、被相続人が元気なうちに分筆しておけば、これらにかかる費用が相続税の課税対象から除外できます。分筆することが決まっているなら、相続開始前に実行しておきたいものです。

05 複数利用の評価単位

土地の評価の原則は、地目ごと、利用単位ごと、
取得者ごとですが、一律ではありません。
土地を有効活用する結果、評価単位が変わることで
土地の評価額が上昇したり下落したりすることもあります。

農地の評価単位

　田及び畑の価額は、１枚の農地ごとに評価します。１枚の農地は、必ずしも１筆の農地からなるとは限りません。ただし、宅地に比準して評価する市街化周辺農地、市街化農地及び生産緑地は、それぞれ利用単位となっている一団の農地を評価単位とします。

市街化農地の評価単位

　40ページの図のような市街化農地については、点線で区分されているごとに耕作の単位となっていますが、これを１枚ごとに評価することとすると、宅地の効用を果たさない規模や形状（無道路地、帯状地又は狭あい地など）で評価することになり、隣接宅地と同じような規模及び形状であるにもかかわらず、評価額が異なることになるため、利用の単位となっている一団の土地を評価単位とします。

● 市街化農地の評価

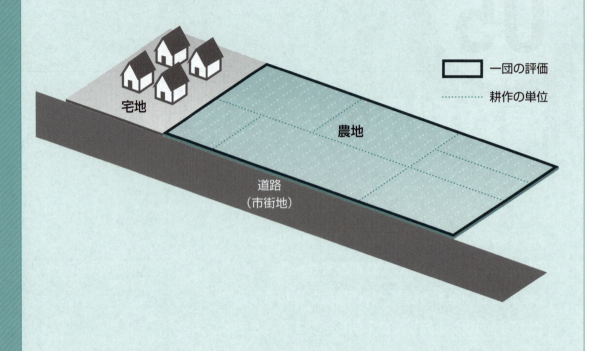

雑種地の評価単位は難しい

　宅地は現に建物の敷地として供されている土地又はその目的で取引される土地をいいます。すぐにも建物の敷地にできる状態であっても、資材置き場や駐車場用地あるいは長期間放置されている土地は雑種地として評価されます。

雑種地の評価単位

　資材置場や駐車場、土地の面積に対し極めて小さい簡易建物が建っている土地等を雑種地といいますが、雑種地は原則としてその雑種地と状況が類似する付近の土地と比準して評価します。実務上は通常の宅地と同様の路線価方式によって評価することになります。

　したがって、利用の単位となっている一団の雑種地ごとに評価します。しかし、次のようにＡ、Ｂ、Ｃそれぞれに利用単位となっている雑種地ごとに評価した場合に、宅地の効用を果たさない規模や形状で評価することになります。このため、それぞれの利用単位となっている雑種地の形状、地積の大小、位置等から見て全体を一団の土地として評価することが合理的な場合には、全体を一評価単位とします。

●複数の雑種地の評価

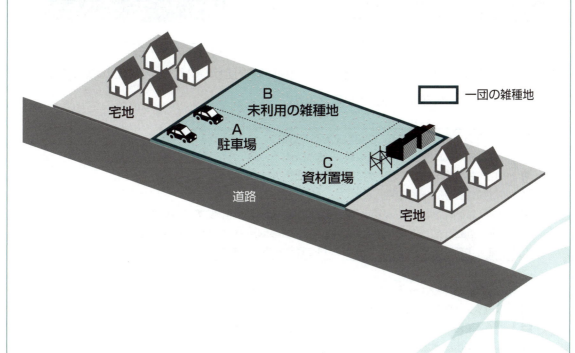

06

「地積規模の大きな宅地」の評価

郊外の住宅地やその周辺にある宅地の評価をする場合には、
住宅地として開発する際に生ずるいわゆる潰れ地などを考慮して、
地積規模の大きな宅地として評価します。

「地積規模の大きな宅地の評価」とは

「地積規模の大きな宅地の評価」の適用を受けるためには、次の2つの要件を満たさなければなりません。中層の建物や大規模店舗が建っていても、これらの要件を満たしていれば適用を受けることができます。

地積要件

> 次の区分に応じそれぞれの面積以上であること
> 　イ　三大都市圏に所在する宅地……500㎡
> 　ロ　三大都市圏以外の地域に所在する宅地……1,000㎡
> （注）三大都市圏の範囲
> 　ⅰ　首都圏整備法第2条第3項に規定する既成市街地又は同条第4項に規定する近郊整備地帯
> 　ⅱ　近畿圏整備法第2条第3項に規定する既成都市区域又は同条第4項に規定する近郊整備区域
> 　ⅲ　中部圏開発整備法第2条第3項に規定する都市整備区域

地区要件

> 「普通住宅地区」・「普通商業・併用住宅地区」に所在する宅地であること。ただし、次のイ、ロ、ハのいずれかに該当するものについては対象外となります。
> 　イ　市街化調整区域に所在する宅地（ただし、開発行為が可能な地域を除く）
> 　ロ　都市計画法に規定する工業専用地域に所在する宅地
> 　ハ　容積率が400%（東京都の特別区においては300%）以上の地域に所在する宅地

「地積規模の大きな宅地の評価」の計算方法

　「地積規模の大きな宅地の評価」は、その土地の面している路線に付されている路線価に側方加算・二方加算・三方四方加算・奥行価格補正・不整形地補正（補正率の上限は 0.6）等を行って計算したその土地の評価額に、次の算式で計算した規模格差補正率を乗じて計算します。

　なお、無道路地の場合には、「規模格差補正率」を乗じた後の価額の 100 分の 40 の範囲内で補正します。

●規模格差補正率の算式

$$\text{規模格差補正率} = \frac{Ⓐ \times Ⓑ + Ⓒ}{\text{地積規模の大きな宅地の地積（Ⓐ）}} \times 0.8$$

（注）小数第 2 位未満切り捨て

三大都市圏に所在する宅地

地積	Ⓑ	Ⓒ
500㎡以上 1,000㎡未満	0.95	25
1,000㎡以上 3,000㎡未満	0.90	75
3,000㎡以上 5,000㎡未満	0.85	225
5,000㎡以上	0.80	475

三大都市圏以外に所在する宅地

地積	Ⓑ	Ⓒ
1,000㎡以上 3,000㎡未満	0.90	100
3,000㎡以上 5,000㎡未満	0.85	250
5,000㎡以上	0.80	500

（注）　市街地農地等の評価における「宅地であるとした場合の1㎡当たりの価額」についても同様に評価します。なお、農地を評価する場合、「宅地であるとした場合の1㎡当たりの価額」を計算する際に造成費として土盛費、整地費、擁壁費などを控除することができます。

「地積規模の大きな宅地の評価」事例

（事例）三大都市圏の普通住宅地区　地積…1,555㎡　正面路線価…105千円　奥行…82m　間口…18m

① 各種補正後の評価額

　　　　　　奥行価格補正率　　不整形地補正

105千円 × 0.82 × 0.9 ＝ 77,490円

② 規模格差補正後の評価額

$$77,490円 \times \left[\frac{1,555㎡ \times 0.9 + 75}{1,555㎡} \times 0.8 \right] \times 1,555㎡ = 90,372,712円$$

※小数第2位未満切り捨て

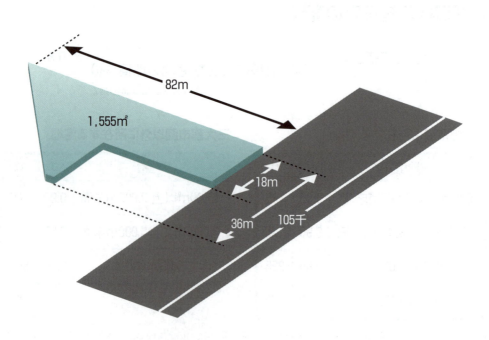

適用対象の判定フローチャート

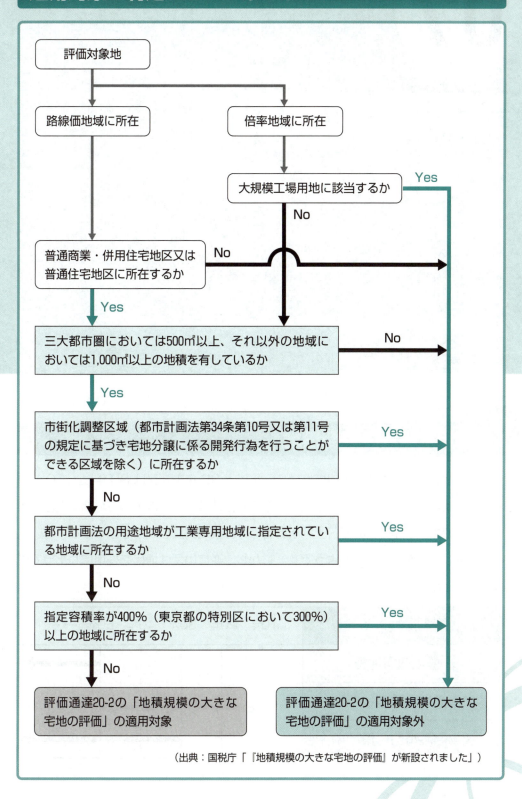

（出典：国税庁「『地積規模の大きな宅地の評価』が新設されました」）

07 定期借地契約を土地活用に生かす

定期借地契約で土地を貸す有効活用のメリットは、
借金をしないで安定収入を手にできると同時に、
土地の評価も引き下げることができる点にあります。
幹線道路沿いの土地は、高収入を得られる場合もあります。

長期安定収入の定期借地

　定期借地契約は、事業用定期借地で10年以上30年未満又は30年以上50年未満、建物譲渡特約付きで30年以上、一般定期借地は50年以上の契約期間となります。最短でも10年ですので、土地所有者の方は長期間貸し続けなければならないことにデメリットを感じられるようです。しかし、逆にいえば地代を長期にわたって受け取ることができます。

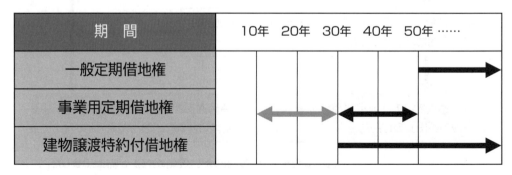

期間満了で更地返還が確定している定期借地

　定期借地制度は平成4年8月1日からスタートしました。それまでは一度建物の所有を目的として他人に土地を貸すと借地権が賃借人のものになり、土地所有者にとって不利であったため、定期借地制度ができても土地を貸すことそのものに抵抗感のある人が多数います。しかし、中途解約や期間満了時に土地の返還を受ける際には、賃借人が有している建物を自らの費用で取り壊して原状に復して返還してくれるので、非常に安心できる制度です。

万一の賃借人の倒産にも対応

　平成4年8月1日にスタートしてからすでに30年以上が経過しました。この間に期間満了になって返還されたものも多くあります。賃借人、賃貸人が新たな条件に合意して再契約した例も多く存在します。

　もちろん、賃借人が倒産した例もありますが、最近は倒産した会社を引き継いだ会社が引き続き同じ条件で契約を継続している例もあります。また、そのような会社が現れなかった場合には破産管財人との間で、契約に従って、預かっている保証金をもって建物を取り壊して更地で返還された例もあります。建設協力金方式による借家契約に比較すると、リスクの低い方法といえるでしょう。

●4つの定期借地権

種類 項目	一般定期借地権	建物譲渡特約付借地権	事業用定期借地権	
存続期間	50年以上	30年以上	10年以上 30年未満	30年以上 50年未満
目的	制限なし	制限なし	事業用のみ	事業用のみ
契約方式	公正証書等	定めなし	公正証書	公正証書
契約の更新	排除特約　可	任意	契約更新ができる規定の適用なし	排除特約　可
特約	・建物の築造による存続期間の延長を排除　可 ・建物買取請求権の排除　可	30年経過後建物を売却する旨の定め可	"建物の築造による存続期間の延長を求めることができる規定"及び"建物を買取ることを請求できる規定"の適用なし	・建物の築造による存続期間の延長を排除　可 ・建物買取請求権の排除　可
返還	更地で返還が原則	建物を土地所有者に譲渡	更地で返還	更地で返還が原則
考えられる用途	住宅地・堅固な建物の商業施設	商業地 住宅地	いわゆるロードサイド店舗等	クリニックモール・土地所有者複合型ロードサイド店舗・大型ショッピングセンター等

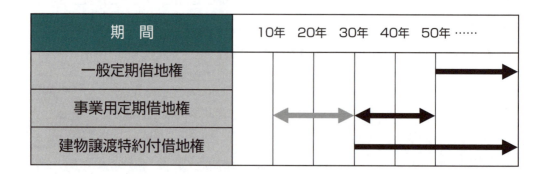

ロードサイド店舗用地は高収入になることも

　車の通行量が多く、敷地の出入りが容易で、駐車スペースが大きい、つまり、テナントが収益を上げやすいロードサイドの土地は、どのテナントもその土地を借りて事業をしたい物件です。物の値段は需給関係で決まりますので、人気の高いこのような物件は、事業用定期借地で賃貸すると土地の価額に対して2％どころか8％、10〜15％といった利回りで収入が確保できることもあります。

居住用家屋敷地は 50 年以上の一般定期借地

　土地の賃貸期間はできるだけ短いほうが良いと考える土地所有者の方が多いようで、いつでも転用したり、売却したりできるようにしたいというのがその理由のようです。

　居住用家屋を建てるための定期借地は、契約期間 50 年以上の一般定期借地しか認められていません。たとえ事業用で貸した土地であっても、例えば、企業が社員のための社宅を敷地の一部に建築すると事業用とは認められず、一般定期借地契約と判断されます。この場合には、賃貸人である土地所有者が不利になりますので、注意する必要があります。

契約は公正証書で契約内容は確実に

　事業用定期借地契約は、公正証書によらなければ定期借地契約が法的に担保されません。一般定期借地契約は書面によればよいこととされていますが、将来のトラブルを考慮すると公正証書にしておくのがよいでしょう。また、契約期間内に建物建替えなどの建物築造による存続期間の延長がないこと、契約期間の更新、建物買取請求権の排除特約など、法的に担保されるよう契約を確実に行う必要があります。

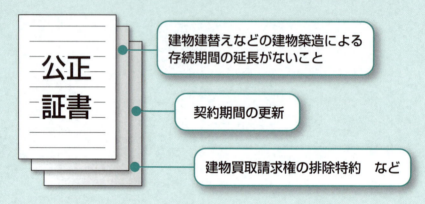

> **アドバイス**
>
> 　長期の事業用定期借地契約は、契約期間が30年以上50年未満ですが、賃料を一括前払い方式にすると相当高額な一時金を手にすることが可能です。この一時金を活用して他の土地で賃貸住宅経営をすれば、より相続税対策の効果を高めることができ、複合土地活用による安定収益を確保しつつ大きな相続税対策となります。一括前払い賃料は中途解約がない限り返済の必要がありませんので、安心して対策を実現することができます。

同族会社が土地を定期借地権で借りた場合

　同族会社との定期借地契約には、法律上厳しい賃貸関係が認められないとして、土地所有者の土地の評価額はあまり下がりません。多額の一時金の授受がない限り、一般定期借地契約であっても最大20％しか下がらないのです。また、その定期借地権の評価額は会社の株式評価の計算上、資産として計上しなければならず、株主が土地所有者であれば効果はほとんどありません。

　ただし、様々な対策をしっかり行っているのであれば、無償返還の届出や相当の地代についてどうするかといった点や手続きについて煩わされることなく、土地の賃貸借を確実に立証できるのですから、法的にも税務的にも優れた方法といえるでしょう。

定期借地権で貸した土地の評価

　一般定期借地用地として土地を賃貸すると、その土地のある地域の借地権割合によって、52ページの①のように相続税評価額が当初は25％から45％も下がります。
　建物譲渡特約付借地権や事業用定期借地権及び一般定期借地権のＡ地域・Ｂ地域、そしてその他の地域でも、同族関係者に対するものは原則どおり53ページの②の算式を適用して計算することになります。ただし、その金額よりも53ページの③の簡便法で計算した金額のほうが低い時はその金額を評価額とします。土地所有者の保有する定期借地権で賃貸している土地の評価額は、自用地価額（更地評価額）からこれらによって計算した定期借地権の評価額を差し引いて計算することになります。
　これらの図や算式でも分かりますように、いずれの場合も期間が経過すればするほど定期借地権で賃貸している土地の相続税評価額は徐々に増えることになります。

①一般定期借地権の評価（a）

$$a = 更地の相続税評価額(b) - 一般定期借地権相当額(c)$$

$$c = (b) \times (1 - 底地割合(d)) \times 逓減率$$

逓減率 = 課税時期におけるその一般定期借地権の残存期間年数に応じる基準年利率による複利年金現価率 ／ 一般定期借地権の設定期間年数に応じる基準年利率による複利年金現価率

路線価図の地域区分	普通借地権割合	一般定期借地権が設定された時点の底地割合(d)
C地域	70%	55%
D地域	60%	60%
E地域	50%	65%
F地域	40%	70%
G地域	30%	75%

● 一般定期借地権の底地評価

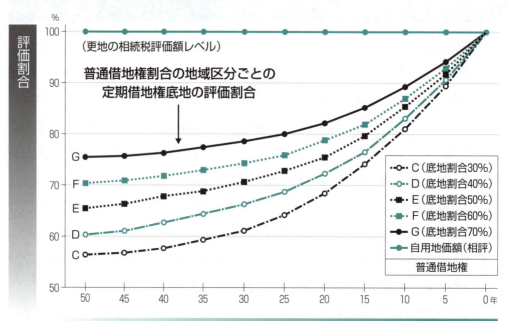

普通借地権割合の地域区分ごとの定期借地権底地の評価割合

②一般定期借地権以外の原則法

| 定期借地権の評価額 | ＝ | 更地の相続税評価額 | × | 借地権設定時における定期借地権割合 ⓐ | × | 逓減率 ⓑ |

ⓐ　次の①～④のいずれかを更地の相続税評価額で割った割合

①　権利金の授受がある場合 ➡ 権利金の額

②　保証金の授受がある場合 ➡ 保証金の授受に伴う経済的利益の額

③　低額の地代である場合 ➡ 毎年享受すべき差額地代の現在価値

④　一括前払賃料の授受がある場合 ➡ 未経過前払賃料の額

ⓑ　逓減率

$$\frac{\text{残存期間に応じる基準年利率による複利年金現価率※}}{\text{設定期間に応じる基準年利率による複利年金現価率※}}$$

※　基準年利率は平成16年1月以降、短期（3年未満）、中期（3年以上7年未満）、及び長期（7年以上）に区分され、各月ごとに定められています。

③簡便法

| 定期借地権を設定した土地の評価額 | ＝ | 更地の相続税評価額 | － | [更地の相続税評価額 | × | 下表の減額割合] |

定期借地権の減額割合

残存期間	更地評価額に対する減額割合
5年以下	5%
5年超10年以下	10%
10年超15年以下	15%
15年超	20%

08

貸地は借地権割合を
控除して評価

建物を建てることを目的に土地を賃貸していて、

その土地を評価する場合には借地権割合を控除します。

といっても、都心部以外の権利金を支払うなどの

取引慣行がない地域では借地権割合の控除をしません。

貸地の場合は借地権割合を控除

　他人に建物を建てることを目的に土地を賃貸する場合には、平成4年7月31日まで
では定期借地契約はなく、普通借地契約しかありませんでした。普通借地契約は契約
期間が満了しても賃借人の建物があるため、建物を保護するということで契約期間は
自動延長されます。賃借人は土地に関する大きな権利を手に入れたことになり、この
権利のことを借地権といいます。

　当然、どうしても貸してほしいといわれた場合、貸す側は権利金などの一時金を要
求することになり、権利金の授受の慣行ができました。したがって、権利金の授受の
慣行がある地域において、貸地である土地を評価する場合には、26ページの「路線
価とは」にありますように路線価の数字の後ろについているアルファベットの記号に
応じて借地権割合を控除して評価します。次の「借地権割合」を控除して評価するの
は世間相場の地代である「通常地代」を受け取っている場合です。

●借地権割合

記号	借地権割合
A	90%
B	80%
C	70%
D	60%
E	50%
F	40%
G	30%

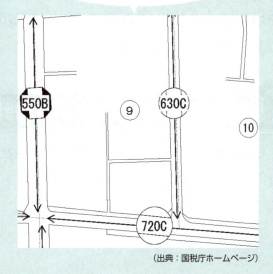

借地権割合は、各路線の右隣にあるA〜Gの記号で表示されます。

（出典：国税庁ホームページ）

相当の地代を受け取っている場合の評価

　建物所有を目的として他人に土地を貸している場合、世間相場の地代の授受をします。しかし、戦後の高度成長期からは先ほどの権利金の授受の慣行が定着してきました。ところが、高い一時金は払えないので、そのかわり地代を世間相場の通常の地代ではなく、「相当の地代」を収受し続ける相当地代方式という慣行が定着しました。この場合の貸地の評価は自用地評価額の80%とすることとなります。

相当の地代に満たない地代の収受の場合

相続開始時点で受け取っている地代が、通常の地代よりも高く、相当の地代よりも低い場合もあります。この場合には、その地域の借地権割合をもとに計算した「地代調整貸宅地価額」とすることとします。

地代調整貸宅地価額の具体的計算

借地権割合が60％の地域で、課税時期における地代が4％の場合の「地代調整貸宅地価額」の具体的計算方法は次のようになり、借地権割合を33％控除して評価することになります。

- 地代調整貸宅地価額

$$= 更地価額 - 更地価額 \times \left\{ 借地権割合 \times \left(1 - \frac{実際に支払っている地代の年額 - 通常の地代の年額}{相当の地代の年額 - 通常の地代の年額} \right) \right\}$$

$$= 更地価額 - 更地価額 \times \left\{ 60\% \times \left(1 - \frac{4\% - 2.4\%}{6\% - 2.4\%} \right) \right\}$$

$$= 更地価額 - 更地価額 \times 33\%$$

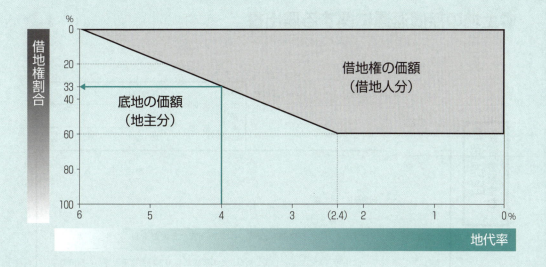

無償返還の届出を提出している場合

　同族会社と土地の賃貸借契約をしている場合に、普通借地契約であっても契約期間が終了すると土地を無償で返還することとしている場合があります。この場合に、両者の連名で所轄税務署に「土地の無償返還に関する届出書」を提出している場合には、貸地の評価に当たっては20％しか控除することはできません。

●土地の無償返還に関する届出書

土地の無償返還に関する届出書

※整理事項	1 土地所有者 2 借地人等	整理簿	
		番　号	
		確　認	

受付印

2通提出（添付書類含む）

令和　　年　　月　　日

国税局長　　　　殿

土地所有者 _____ は、［借地権の設定等］により下記の土地を 令和　　年　　月　　日 から _____ に使用させることとしましたが、その契約に基づき将来借地人等から無償で土地の返還を受けることになっていますので、その旨を届け出ます。

　なお、下記の土地の所有又は使用に関する権利等に変動が生じた場合には、速やかにその旨を届け出ることとします。

記

土地の表示

　所　在　地　_____

　地目及び面積　_____　_____ ㎡

	（土地所有者）	（借地人等）
住所又は所在地	〒	〒
	電話（　　　）　－	電話（　　　）　－
氏名又は名称		
代表者氏名		
	（土地所有者が連結申告法人の場合）	（借地人等が連結申告法人の場合）
連結親法人の納税地	〒 電話（　　　）　－	〒 電話（　　　）　－
連結親法人名等		
連結親法人等の代表者氏名		

借地人等と土地所有者との関係	借地人等又はその連結親法人の所轄税務署又は所轄国税局
_____	_____

02.12 改正

（出典：国税庁）

09 分譲マンションの評価額が上昇

分譲マンションの財産評価基本通達による評価額が、
市場価格よりも低く評価されすぎているとして、
令和6年1月1日以後の相続・遺贈又は贈与から評価方法が変更されました。
従来の評価額の1.5倍から2.5倍程度になった例が多いようです。

新評価方法は居住用分譲マンションのみ対象

　令和6年1月1日以後の相続・遺贈又は贈与から適用される新しい評価方法は、居住用の区分所有建物とその敷地利用権（居住用分譲マンション）のみに適用されます。

　よって、次のような不動産は従来どおり財産評価基本通達によって評価されます。

●新評価方法の対象とならないもの

①	区分所有登記されていない居住用マンション （1棟売り投資用賃貸マンション等）
②	区分所有登記されている3階建て以下の親族専用住宅
③	区分所有登記されている2階建て住宅
④	事業用テナント物件 （フロア売り賃貸事務所ビル・区分所有物件を含む）
⑤	課税時期において区分所有登記されていない居住用マンション

第2章　知ってトクする土地建物評価のキホン

財産評価基本通達に従って計算

　居住用分譲マンションの新しい評価は、まず従来どおりの財産評価基本通達によって建物とその敷地利用権の評価を行います。

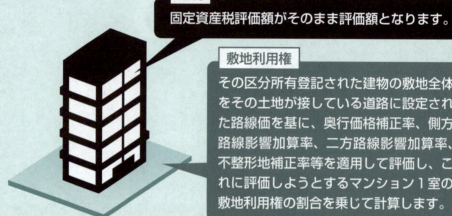

建物
固定資産税評価額がそのまま評価額となります。

敷地利用権
その区分所有登記された建物の敷地全体をその土地が接している道路に設定された路線価を基に、奥行価格補正率、側方路線影響加算率、二方路線影響加算率、不整形地補正率等を適用して評価し、これに評価しようとするマンション1室の敷地利用権の割合を乗じて計算します。

建物と敷地利用権それぞれに区分所有補正率を乗じて計算

　新しい居住用分譲マンションの評価は上記で計算した建物及び敷地利用権それぞれに区分所有補正率を乗じて計算します。

　区分所有補正率は、まず、64ページの評価乖離率を計算し、「1÷評価乖離率」で計算した評価水準が1を超える場合には評価乖離率とし、評価水準が0.6未満の場合には「評価乖離率×0.6」とします。なお、評価乖離率が零又は負数のものについては評価しないこととしています。

区分所有補正率の計算明細書

　国税庁のホームページからダウンロードできる「居住用の区分所有財産の評価に係る区分所有補正率の計算明細書」で、「①築年数」「②総階数」（「③総階数指数」は自動計算）「④所在階」「⑤専有部分の面積」「⑥敷地の面積」「⑦敷地権の割合」の各欄に数字を入力すれば、「区分所有補正率」が自動計算されます。

登記事項証明書から数値を入力する

　区分所有補正率の計算明細書の入力事項は、評価しようとするマンションの登記事項証明書に記載されています。次ページのサンプルを基に登記事項証明書のどこを見て計算明細書に入力するか確認しましょう。❶は入力事項ではありませんが、「居宅」であることを確認します。

●居住用の区分所有財産の登記事項証明書

表 題 部　（一棟の建物の表示）	調製	余白		所在図番号	余白

所　　在	●●●一丁目　1234番地		余白	
建物の名称	●●●マンション		余白	

総階数は❸に記載の11階建ての11となります。

①　構　　　造	②　床　面　積　　㎡		原因及びその日付〔登記の日付〕
鉄筋コンクリート造陸屋根地下1階付11階建 ❸	1階	1100 07	〔平成22年4月18日〕
	2階	1100 07	
	3階	1100 07	
（　中　略　）			
	11階	1100 07	
	地下1階	65 92	

所在階数は❹に記載の3となります。

表 題 部　（敷地権の目的である土地の表示）					
①土地の符号	②　所　在　及　び　地　番	③地目	④　地　積　㎡	登　記　の　日　付
1	●●●一丁目　1234番	宅地	❻　3630 30	平成22年4月18日

表 題 部　（専有部分の建物の表示）		不動産番号	1234567890123
家屋番号	●●●一丁目　1234番の301	余白	
建物の名称	301	余白	

専有部分の面積は❺に記載の59.69となります。

①　種　類	②　構　　造	③　床　面　積　㎡	原因及びその日付〔登記の日付〕
居宅 ❶	鉄筋コンクリート造1階建 ❹	3階部分 ❺ 59 69	平成22年4月1日新築 ❷〔平成22年4月18日〕

表 題 部　（敷地権の表示）			
①土地の符号	②敷地権の種類	③　敷　地　権　の　割　合	原因及びその日付〔登記の日付〕
1	所有権	❼　1150000分の6319	平成22年4月1日敷地権〔平成22年4月18日〕

●居住用の区分所有財産の評価に係る区分所有補正率の計算明細書（入力例）

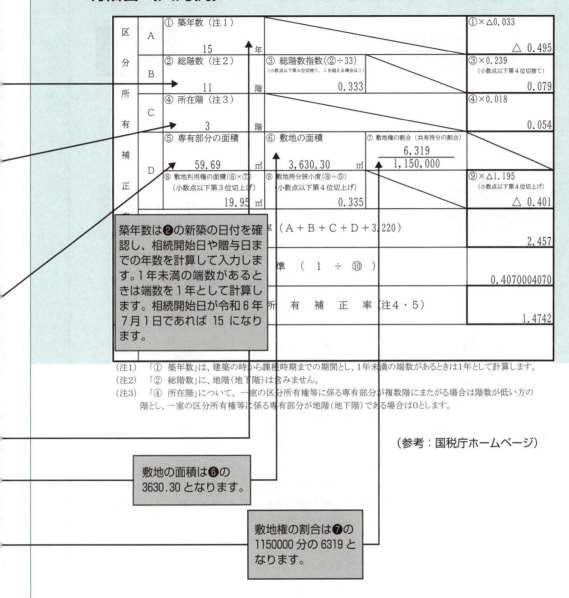

(参考：国税庁ホームページ)

評価水準 …… 1を評価乖離率で除した値

$$\frac{従来の相続税評価額}{従来の相続税評価額 \times 評価乖離率} = 1 \div 評価乖離率$$

評価乖離率

評価乖離率 = A + B + C + D + 3.220

A = その一棟の区分所有建物の築年数 × △0.033

B = その一棟の区分所有建物の総階数指数※1 × 0.239 （小数点以下第4位切捨て）

C = その一室の区分所有権等に係る専有部分の所在階 × 0.018

D = その一室の区分所有権等に係る敷地持分狭小度※2 × △1.195 （小数点以下第4位切上げ）

※1 総階数（地階を含みません。）を33で除した値（小数点以下第4位切捨て、1を超える場合は1）
※2 敷地持分狭小度（小数点以下第4位切上げ）＝ 敷地利用権の面積 ÷ 専有部分の面積

次の区分に応じた面積（小数点以下第3位切上げ）
① 一棟の区分所有建物に係る敷地利用権が敷地権である場合
　一棟の区分所有建物の敷地の面積 × 敷地権の割合
② 上記①以外の場合
　一棟の区分所有建物の敷地の面積 × 敷地の共有持分の割合

第3章

新時代の土地活用と節税アドバイス

01

賃貸物件取得で大きく下がる相続税

自用地の上に賃貸建物を建てたときに
相続税額引下げ効果が高いのは、
建物の評価引下げ効果と土地の貸家建付地による減額の
2つの効果があるからです。

建物と土地の評価減効果

　現金1億円と、更地で評価額1億円の土地を所有していたとします。この状態で相続が発生すると、相続財産の評価額の合計は2億円です。

　借地権割合60%の地域の土地に現金1億円で賃貸建物を建築すると、建物の評価額と土地の評価額の合計で約1億2,400万円になります。建物の相続税評価は固定資産税評価額で評価することになっており、建築した直後でもおおよそ建築価額の60%前後になります。その評価額から、建物を第三者に賃貸しますので借家権割合30%×賃貸割合が控除されます。つまり、おおよそ建築価額の60%×（1－30%×100%）＝42%程度まで評価額が下がるのです。

　また、第三者に賃貸している建物が建っている土地の評価は貸家建付地として、その地域の借地権割合×借家権割合×賃貸割合の分だけ評価額から控除することになっています。借地権割合が60%の地域の場合には、60%×30%×100%＝18%が土地の自用地価額から控除されます。

●賃貸建物を取得したときの評価引下げ効果

賃貸建物を建てると・・・

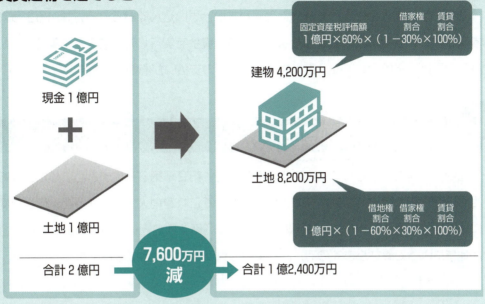

（注）借地権割合60％、賃貸割合100％、建物の固定資産税評価額を建築価額の60％と仮定しています。

土地所有者が建物を建築し賃貸する

　この評価減額は土地所有者本人が賃貸住宅を建築し賃貸した場合に成立するものですから、相続税額引下げ対策としては建物を取得する人は土地所有者とすべきです。しかし、土地所有者の所得が大きく、多額の所得税・住民税を納めているときは、この対策により、せっかく収入が増加しても、所得に対して高額の税金を納付しなければならないことになりかねません。

　また、所得として残った資金は、累積して将来の相続財産に加算されることになるため、相続発生までの期間が長期にわたる場合には、そのための対策が別に必要となります。

借入金でなければならないのか

この対策は借入金で実行しないと効果がないと思い込んでおられる方もいるようです。しかし、すでに説明しましたように、自己資金で実行しても借入金で実行しても評価引下げ効果は同じです。借入をすれば金利の支払いが必要になります。

土地と建物の減額割合

建物の所有を目的として他人に土地を貸すと、第2章第8節にまとめましたように相手に借地権が発生します。一方、建物を建ててこれを他人に賃貸すると、借りた側には借家権が発生し、67ページの図のように評価することになります。借地権割合が地域によって異なりますので、評価減額の目安は次のようになります。

●土地と建物の評価減額の目安

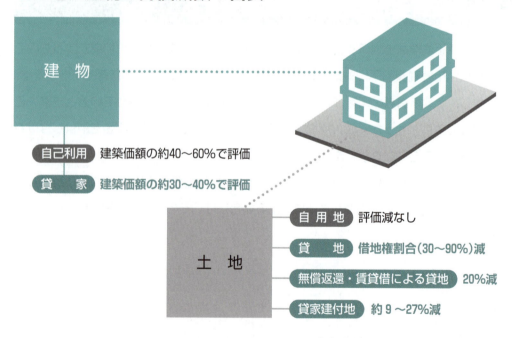

- 建物
  - 自己利用　建築価額の約40～60％で評価
  - 貸　家　　建築価額の約30～40％で評価
- 土地
  - 自用地　評価減なし
  - 貸　地　借地権割合（30～90％）減
  - 無償返還・賃貸借による貸地　20％減
  - 貸家建付地　約9～27％減

（注）建物は固定資産税評価額で評価します。

02 住宅用地に転用すれば固定資産税が大幅軽減

土地の固定資産税は住宅用地として利用すると大幅に軽減できます。また、1棟ごとではなく1居住単位ごとに軽減されます。

固定資産税の住宅用地の課税軽減の特例

　土地にかかる固定資産税は、その土地の利用形態によって異なります。青空駐車場、シャッター付にかかわらず駐車場用地や倉庫用地、店舗用地については、通常の宅地としての固定資産税がかかります。ところが住宅用地については、1戸当たり200㎡までは小規模住宅用地として、固定資産税の課税標準は評価額の6分の1に、都市計画税の課税標準は3分の1に軽減されます。200㎡を超える部分については一般住宅用地として、敷地のうち住宅の床面積の10倍までは固定資産税の課税標準は3分の1、都市計画税の課税標準は3分の2に減額されます。

●固定資産税・都市計画税の課税標準の特例割合

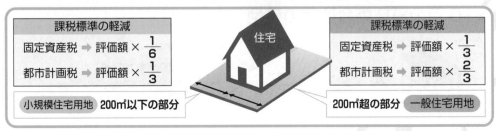

税額が6分の1になるわけではない

　ここで注意したいのは、課税標準はたしかに固定資産税評価額の6分の1などになりますが、そのまま今納付している固定資産税の「税額」が6分の1になるわけではないということです。

　例えば、今駐車場用地として利用している土地の固定資産税は、もともと負担調整措置により、固定資産税評価額そのものに税率がかけられて計算されているのではなく、その評価額から何割か割り引かれた課税標準に税率がかけられて税額が計算されています。つまり、課税標準が固定資産税評価額の6分の1になっても、負担調整措置により減額されている今の課税標準額の6分の1になるわけではありませんから、今支払っている税金が6分の1にはならないのです。この点には留意しておいてください。

賃貸集合住宅の敷地はその戸数×200㎡まで軽減

　賃貸集合住宅はその敷地について、その戸数×200㎡分まで小規模住宅用地の軽減特例が適用されますので、ほとんどのケースでその敷地すべてについて軽減を受けることができます。しかも、その住宅の敷地内にある専用駐車場用地についても適用対象になりますので、非常に有利です。

　また、定期借地権用地として土地を賃貸して、賃借人が住宅を建てて住めばその敷地は住宅用地になるため、これも1戸当たり200㎡までは小規模住宅用地として軽減され、さらに超える部分についても住宅の床面積の10倍までは一般住宅用地として、固定資産税が軽減されます。

●10戸の賃貸集合住宅の敷地

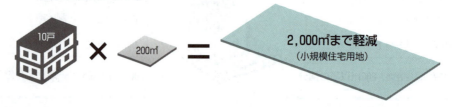

集合住宅専用駐車場も住宅用地

　戸建住宅に付設している駐車場は当然住宅用地とされます。それと同様に集合住宅の入居者専用駐車場も住宅用地ですから、軽減措置が適用されます。入居者専用駐車場であることが条件ですから、全10室の集合住宅に30台分もの駐車場を付設しているような場合には、その駐車場全体が専用駐車場とはいえませんので、駐車場全体が住宅用地の軽減措置の適用を受けることができないことになります。このような場合には、下図のように30台の駐車場のうち集合住宅に面しているところから10台分を柵等で区切って入居者専用として利用すると、その駐車場部分は専用駐車場として住宅用地の軽減措置の適用を受けることができます。

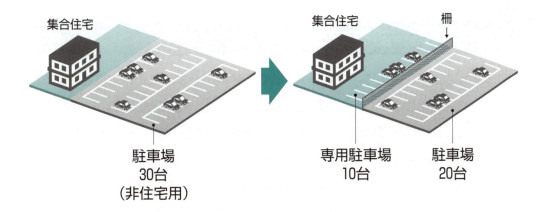

03

自宅用地の 一部転用による対策

自宅用地が広い場合、その利用の仕方によって評価額を
下げることができます。
角地の部分をコインパーキングにすることや、
思い切って広めの敷地に賃貸住宅を建てることも考えられます。

自宅用地の一部を有効活用する

　480㎡の角地の自宅があったとします。この敷地のうち、300㎡に貸家を建てて賃貸住宅経営を始めます。そうすると全体が1つの評価単位だったものが、2つの利用単位として別々の評価単位になります。全体の評価額が1億4,328万円だったものが、利用形態の変更後は2つの評価額の合計で1億3,635万円となり、693万円評価額が下がります。さらに、賃貸開始後は賃貸住宅の敷地は貸家建付地になり、評価額が1,660.5万円も下がり、全体としては2,353.5万円も評価額が下がることになります。もちろん、賃貸住宅を取得することによる建物の評価引下げ効果は通常と同じようにあります。

●自宅用地の一部賃貸住宅への転用

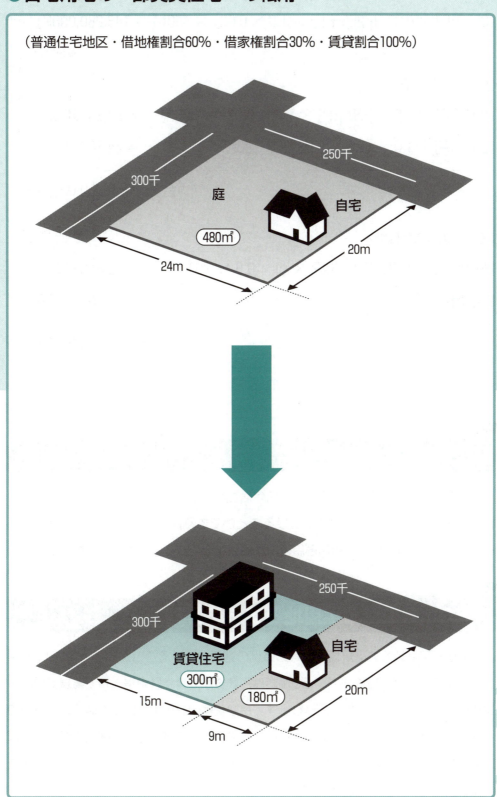

（変更前の評価額）

（300千円 × 0.97 ＋ 250千円 × 1.0 × 0.03）× 480㎡ ＝ 143,280,000円

▲693万円

（変更後の評価額）

（300千円 × 1.0 ＋ 250千円 × 1.0 × 0.03）× 300㎡ ＝ 92,250,000円

（250千円 × 1.0 ×（1.0 × 0.98））× 180㎡ ＝ 44,100,000円

合計　136,350,000円

▲2,353.5万円

（賃貸開始後の評価額）

賃貸住宅用地　92,250,000円 ×（1 − 0.6 × 0.3）＝ 75,645,000円

自宅用地　44,100,000円

合計　119,745,000円

この対策の注意点

　小規模宅地等の特例の適用面積は、特定居住用宅地等については最大 330㎡です。特定居住用宅地等の特例の適用を受けることができる要件を満たしている場合には、この対策をとらないほうが特例適用後の評価額が低くなる場合も考えられます。

150㎡分を駐車場用地とすることも

　特定居住用宅地等の小規模宅地等の特例の適用を受けることができる 330㎡を残し、300 千円の路線価の側の 150㎡だけ戸建貸家や青空駐車場として賃貸又はコインパーキングとすることも考えられます。戸建貸家の評価引下げ効果は 68 ページのとおりとされており、青空駐車場は賃貸住宅のように貸家建付地や建物の評価引下げ効果はありません。青空駐車場の場合は収入確保と特定居住用宅地等の特例の適用を限度面積まで受けることができます。

04
老朽貸家の整理で
納税資金確保

低い家賃で入居率も悪い老朽貸家は、

相続税対策としても非常に問題です。

相続開始までに整理し建て替えることができれば、

大きな相続税対策と納税資金準備対策となります。

老朽貸家の悪循環

　木造の老朽化した貸家は、①古いので修理がなおざりになっている→②古くて手が入っていないので家賃が安い→③家賃が安くて割に合わない→①という悪循環に陥ってしまっているケースが多いようです。

　ひとたび相続が発生すると、①家賃が安すぎて物納は認められない→②延納するにも家賃が少ないので困難→③その割に土地の相続税評価額は空き家が多く貸家建付地割合が100％控除できないため高い、という悪循環となっており、結果が最悪になります。

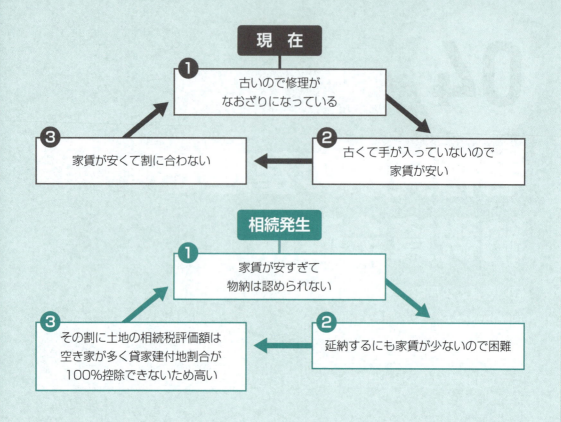

簡単ではない老朽貸家の解決

　悪循環に陥った老朽貸家の整理はそう簡単ではありません。立退料も必要ですし、高齢者が多い入居者との交渉もしなければなりません。しかし、放っておくと結果的に更地の優良な土地を手放して相続税を払い、残ったのは厄介な収入の少ない老朽貸家と敷地だけといったことになりかねません。これらは物納が困難ですし、売却するにしても相続税評価額で売れる可能性も低いでしょう。多少時間とお金はかかりますが、土地所有者の方ができるだけ元気なあいだに貸家整理の本当のプロにお願いして整理し、万全の相続税対策をし、納税資金の準備もしておきたいものです。

老朽貸家建替えの手順

老朽貸家が2棟以上ある場合の建替えは、次のような手順が考えられます。

A・B両棟の現入居者全員に立退きの要請をします。

↓

立退きの個別交渉を行い、ふさわしい立退料でできれば全員、少なくとも半分以上の立退きを実現します。

↓

できればB棟を建て替えます。

↓

立退きが困難で居残り組が多い場合、B棟をリフォームして受け入れます。

↓

A棟全員の立退き後、建物を取り壊します。

↓

相続開始後の場合には、更地にした土地を納税必要分だけ分筆後物納します。相続開始前の場合にはここに賃貸住宅を建てます。

↓

ここまでの作業は大変時間がかかります。相続開始後の場合、相続税の申告期限までに終了するのは困難です。いずれにしても、少しでも早く立退き交渉に入る必要があります。

↓

相続開始後の場合、申告期限に間に合わないときは、一旦物納申請を行い、その後、延納に切り替えてこれらの作業をできるだけ早く終わらせるようにします。

↓

A棟敷地の残地を売却して立退料や分筆費用など、これまでにかかった費用を精算します。

↓

自己資金があればいいのですが、なければ売却までの資金調達をどうするかが問題です。金融機関によっては売却先と事前に売却の予約契約をしておけば、一連の計画書と売却予約契約書で立退料などの融資が可能です。

第3章　新時代の土地活用と節税アドバイス

●老朽貸家整理の手順

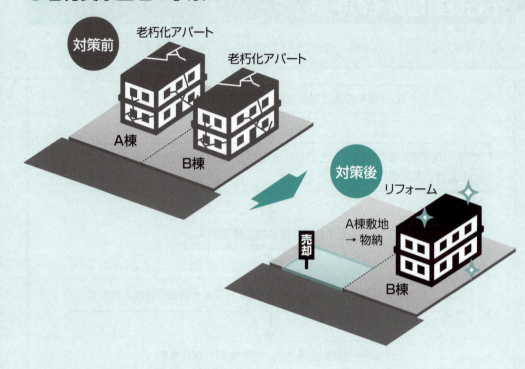

●相続税額引下げ対策になる老朽貸家の建替え

	建替え前の相続	建替え後の相続
立退費用	支出していないため相続財産 ⊕ ・現金で残る　・借入金がない	支出後のため相続財産 ⊖ ・現金が減少　・借入金が増加
建物借家権	入居していない建物 ➡ 借家権控除なしの可能性 大	建替え後は一時空室でも 借家権控除 OK
建物評価減の効果	古いためほとんど効果なし	建築価額×約0.6×（1－借家権0.3） が評価 ➡ 効果大
土地評価減の効果	取壊し寸前の場合 貸家建付地評価減なしの可能性 大	貸家建付地評価減 OK
債務控除	残っている入居者の預り敷金程度	全戸の預かり敷金、 立退料や借入金の債務全額

プラス マイナス 大変な差になる

05

郊外賃貸物件の
都心部への買換え

都心部の地価は上昇している一方で、

地方ではいまだに地価が下落しているところも多いようです。

そこで最近多くなってきているのが、

郊外の所有物件から都心の優良物件への買換えです。

郊外の不動産を譲渡して都心の収益物件を取得

　郊外に所有している収益性の悪い不動産を売却し、都心の物件に買い換えることも相続税対策につながる場合があります。収益性が良くなり相続税対策にもなりますから、買い換えるのに必要なコストの負担がどの程度かが問題となります。

　80ページの例で検討します。郊外の青空駐車場を所有していますが、満車状態ではないため年間駐車場収入が500万円、この土地にかかる固定資産税が200万円で差引手取り額が300万円です。この土地は2億円で売ることができますので、時価で見た時の実質利回りは1.5%です。これを売却して、都心の中古ワンルームマンションの建物1億円、土地1億円の合計2億円のものに買い換えたとします。年間収入1,500万円、建物にかかる固定資産税100万円、土地にかかる固定資産税125万円、諸経費90万円、差引手取り額1,185万円で、利回り5.9%です。実際の例ですが、なかなかこのような物件を探すことは難しいのが現実です。

第3章　新時代の土地活用と節税アドバイス

●郊外賃貸物件の都心部への買換え

郊外青空駐車場

相続税評価額 1億6,000万円

売却価額 2億円

年間収入	500万円
固定資産税	200万円
手取り	300万円

利回り 1.5%

都心の中古ワンルームマンション

建物：時価 1億円

相続税評価額 4,200万円

土地：時価 1億円

相続税評価額 6,560万円

年間収入		1,500万円
固定資産税	建物	100万円
	土地	125万円
諸経費		90万円
手取り		1,185万円

利回り 5.9%

建物　1億円 × 0.6※ ×（1 − 0.3）＝　4,200万円
土地　8,000万円 ×（1 − 0.6 × 0.3）＝　6,560万円
　　　　　　　　　　　　　　　　　　　1億760万円
　　　　　　　　　　　　　　　　　　　△5,240万円

※　建物の固定資産税評価額は取得価額の60%であると仮定した場合。

相続税対策の効果

　郊外の青空駐車場の相続税評価額は時価の 80%として 1 億 6,000 万円です。買い換えた場合の中古ワンルームマンションの評価額は、80 ページにありますように合計 1 億 760 万円ですから、評価額は 5,240 万円下がりました。このように、中古物件を取得した場合には相続税評価額が結果的に下がることも多く見受けられます。

買換えにかかるコスト

　買換えには、譲渡にかかる譲渡所得税・住民税、仲介手数料、購入物件にかかる仲介手数料、登記費用、登録免許税などのコストがかかります。譲渡して手にした 2 億円全額を物件取得資金に充当できません。特に大きいのが譲渡所得税・住民税です。郊外賃貸物件が先祖からの相続財産だとすると、取得費は譲渡収入の 5%の 1,000 万円です。仲介手数料等の諸費用が 5%で 1,000 万円あったとしても、2 億円からこれらを差し引いた 1 億 8,000 万円に 20%（復興特別所得税を除く、以下同じ）の税率を乗じた 3,600 万円を所得税・住民税として納付しなければなりません。

事業用資産の買換え特例

　その年1月1日現在、所有期間10年超の農地や貸地、賃貸住宅用地、駐車場などの事業用不動産を、例えば、80ページのように2億円で売却して、別の事業用物件を取得し、事業用資産の買換え特例を適用した場合には、次の算式のように本来の譲渡所得金額の20％（一定の地域への買換えは10％、25％、30％又は40％）相当額が譲渡所得の金額とされます。

土地・建物・構築物　　事業用建物の敷地（300㎡以上）・建物・構築物

地域の指定なし

国内にある土地等、建物又は構築物で、譲渡年の1月1日現在で所有期間10年超のもの

国内にある土地等（事務所等の一定の建築物等の敷地の用に供されるもののうちその面積が300㎡以上のものに限る）、建物又は構築物

買換え特例適用の譲渡所得の計算式一例

① 「譲渡資産の譲渡価額≦買換資産の取得価額」（同額又は増額買換え）の場合

計算式 $\left(譲渡資産の譲渡価額 \times 20\%\right) - \left(譲渡資産の取得費 + 譲渡費用\right) \times 20\% = 譲渡所得の金額$

② 「譲渡資産の譲渡価額＞買換資産の取得価額」（低額買換え）の場合

計算式 $\left(譲渡資産の譲渡価額 - 買換資産の取得価額 \times 80\%\right) - \left\{\left(譲渡資産の取得費 + 譲渡費用\right) \times \dfrac{譲渡資産の譲渡価額 - 買換資産の取得価額 \times 80\%}{譲渡資産の譲渡価額}\right\} = 譲渡所得の金額$

本来払うべき税金の20%の税金でよい

「買換えにかかるコスト」が「東京23区を除く首都圏既成市街地、首都圏近郊整備地帯、近畿圏既成都市区域、名古屋市の一部」の区域内での買換えですと、2億円の20%の4,000万円が課税対象の収入金額となり、取得費及び譲渡費用等の合計2,000万円の20%の400万円を控除した3,600万円の20%が譲渡所得税・住民税となり、720万円ですむことになります。この特例の適用を受けなければ3,600万円ですから、差引き2,880万円の節税になります。

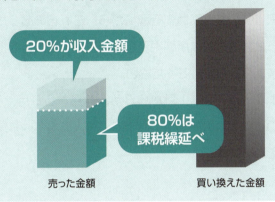

①買換え特例を適用した場合

　　　譲渡資産の譲渡価格　　　譲渡資産の取得費　　　譲渡費用　　　　　　　　譲渡所得
　　（2億円 × 20%）－（1,000万円 ＋ 1,000万円）× 20% ＝ 3,600万円

　　　譲渡所得　　　　譲渡所得税・住民税
　　3,600万円 × 20% ＝ 720万円

②買換え特例を適用しない場合

　　　譲渡資産の譲渡価格　　　譲渡資産の取得費　　　譲渡費用　　　譲渡所得
　　（2億円　　－　　（1,000万円 ＋ 1,000万円））＝ 1億8,000万円

　　　譲渡所得　　　　譲渡所得税・住民税
　　1億8,000万円 × 20% ＝ 3,600万円

買換え特例の適用期限など

　特定事業用資産の買換えの場合の譲渡所得の課税の特例制度（法人は「特定資産の買換えの場合等の課税の特例」）は国内にある長期保有の土地等、建物又は構築物である事業用資産を譲渡し、国内にある土地等、建物、構築物である一定の事業用資産に買い換えた場合に適用があります。適用期限は令和8年3月31日までの譲渡とされています。なお、課税繰延べの割合が次のとおり、地域によって異なりますのでご注意ください。

　令和6年4月1日以後の譲渡又は先行取得から、これらのあった日の属する三月期間の末日の翌日から2か月以内に所轄税務署長に対して届出書を提出しなければ適用できなくなっていますので注意してください。

　「三月期間」とは個人の場合、1月から3月、4月から6月、7月から9月、10月から12月までのそれぞれの期間をいいます。法人の場合は事業年度開始の日から3か月ごとの期間をいいます。

●事業用資産の3号買換えの課税繰延べ割合等

譲渡資産の地域	買換資産の地域	課税繰延べ割合
地域再生法の集中地域以外の地域の本店又は主たる事務所の所在地	東京23区への本店又は主たる事務所の所在地	60%
地域再生法の集中地域以外の地域	東京23区	70%
	東京23区を除く地域再生法の集中地域	75%
東京23区の本店又は主たる事務所の所在地	地域再生法の集中地域以外の地域の本店又は主たる事務所の所在地	90%
上記を除くすべて		80%

（注）地域再生法の集中地域とは、東京23区及び首都圏既成市街地、首都圏近郊整備地帯、近畿圏既成都市区域、名古屋市の一部を除く地域をいいます。

譲渡資産の範囲：譲渡の日の属する年の1月1日において、所有期間が10年を超える国内にある事業用の土地等、建物、構築物

買換資産の範囲：国内にある土地等（特定施設の敷地の用に供される300㎡以上のもの）、建物、構築物

買換資産の適用対象

　事業用資産の買換え特例は、「事務所等の一定の建築物等の敷地の用に供されているもの」以外の土地等への買換えには適用されません。また、分譲マンションの一室や戸建て分譲住宅を取得して賃貸する場合、1棟売り投資物件などを取得する場合の建物や構築物については適用できますが、敷地が300㎡未満の場合の土地等については適用できません。したがって、敷地面積300㎡以上の賃貸物件であれば土地部分も含めて事業用資産の買換え特例の対象となります。駐車場の用に供されるものは原則不可ですが、建物又は構築物の敷地の用に供されていないことについて、<u>やむを得ない事情</u>※があるものに限って適用できます。

※　やむを得ない事情とは、次の手続その他の行為が進行中であることについて、一定の書類により明らかにされた事情をいいます。
　①開発許可手続
　②建築確認手続
　③文化財保護法の発掘調査
　④建築物の建築に関する条例の規定に基づく手続

アドバイス

　事業用資産の買換え特例は、譲渡所得税・住民税の課税の繰延べです。譲渡して取得した買換資産の取得価額は、譲渡資産の取得価額を基礎として計算することとされています。土地のように減価償却資産でなければ、将来の譲渡時まで課税が繰り延べられますが、賃貸建物や構築物などのような減価償却資産に買い換えると、その償却費の計算のもととなる金額は実際の取得金額より大幅に少なくなってしまいます。

　個人の場合には超過累進税率が適用されますので、高額所得者の場合は譲渡にかかる所得税・住民税の合計税率20％を適用するほうが長期的にみると有利になることもあります。このような点も考慮して建物については適用するかどうかを考える必要があります。

第3章　新時代の土地活用と節税アドバイス

06

幹線道路沿い店舗用地の賢い貸し方

幹線道路沿いのいわゆるロードサイド店舗の場合には、
非常に有利な条件で契約することができます。
貸地か貸家かは相続税対策の視点でいうと貸家のほうが有利ですが、
中途解約時のリスク回避では定期借地契約による貸地が有利です。

定期借地権か賃貸店舗か

　幹線道路沿いのいわゆるロードサイド店舗の場合には、事業用借地で契約した方が有利か、建築資金をテナントから借り入れて毎月の賃料と相殺して返済するいわゆる建設協力金方式によって土地所有者が賃貸店舗を建築し、賃貸した方が有利かという問題があります。借地契約と借家契約という大きな違いがありますが、土地所有者、賃借人双方にとって実質的な手取り・支払が同じであれば契約上のリスクと税務上の有利不利、実質キャッシュフローで検討する必要があります。実質的な手取り、支払額が同じであるという前提で検討してみましょう。

土地所有者の判断基準

　土地所有者にとって検討しなければならない項目として、①契約上の有利不利、②中途解約時の有利不利、③所得税対策上の有利不利、④相続税対策上の有利不利があります。

契約上の有利不利

　建設協力金方式は、建物を土地所有者などが建設し、その資金の全部又は一部をテナントが無利息で融資するものです。したがって、普通借家契約であれば相当事由がなければ契約期間が満了しても退去を求めることができなくなるおそれがあります。

　この場合、本来ならより有利な条件で他のテナントに貸せる可能性があっても現状の契約を継続しなければなりません。事業用借地についてはそのようなおそれはありません。もっとも建設協力金方式であっても、定期借家契約を結ぶことができればその点も解消できます。その場合でも定期借家契約の内容が問題となるので留意する必要があります。

　なお、事業用借地契約にもかかわらず、公正証書にしていないケースや、パチンコ遊技店等で従業員宿舎が建物に併設されており、居住用に利用されていたり、法律要件を満たしていない契約が見受けられるので、この点にも留意する必要があります。

中途解約時の有利不利

　建設協力金方式の場合に中途撤退されると、建設協力金の未返還分は通常放棄して中途解約に応じることとされており、税務上、土地所有者は建設協力金の返還不要額を収益計上せざるを得なくなります。その資金は当初の建物建築資金に使ってなくなっているため、税金支払い分だけキャッシュフローが不足する事態もあり得ます。

　しかし、定期借地契約の場合には、中途解約であっても契約期間満了であってもテナントは自ら建築した建物を自らの費用で取り壊して土地を更地で返還しなければなりません。つまり、リスクが低いといえます。

第3章　新時代の土地活用と節税アドバイス

所得税対策上の有利不利

事業用借地の場合には地代収入となり、収入を他の親族に分散することは困難です。しかし、建設協力金方式の場合には建物所有を会社にすれば、親族が業務に従事することによって相応な金額を役員報酬や従業員給与として分散することが可能になります。

相続税額引下げ対策

建物所有による建物評価引下げ効果と土地の貸家建付地評価減額は建設協力金方式しか実現できません。確かに事業用借地であっても土地の評価減額は一定の割合で可能ですが、建物を所有することによる建物評価引下げ効果の方がはるかに大きいのが実情です。

相続税対策としては建設協力金方式が圧倒的に有利です。

●土地所有者の事業用借地・建設協力金方式　比較表

	事業用借地	建設協力金方式
契約期間満了時のリスク	更地で返還されることが確定	定期借家契約でないと更新拒絶不可も
中途解約の税務	不利なし	税務上不利
建物取壊し費用負担	借地人が負担	土地所有者が負担
所得分散による所得税対策・相続税対策	困難	対策できる
相続税額引下げ対策	効果はあるが低い	大きな効果
会社設立による節税対策・相続対策	困難	効果の高い対策が可能

07 投資用不動産取得による相続税対策の留意点

国が定めた評価額と実際の時価との開差を利用した節税策が盛んですが、
極端な相続税・贈与税の節税については
鑑定評価額による時価で課税されることがあります。
不動産取得による相続税節税は行き過ぎないようにすることが重要です。

相続税評価額と鑑定評価額

　土地及び建物は国が定めた評価方法である財産評価基本通達によって計算した価額を時価として申告すればよいこととされています。ところが、投資用不動産を取得して相続税額を著しく減額する対策を行った場合には、国が定めた評価方法である財産評価基本通達によって計算した価額ではなく、鑑定評価額を時価として課税されることがあります。

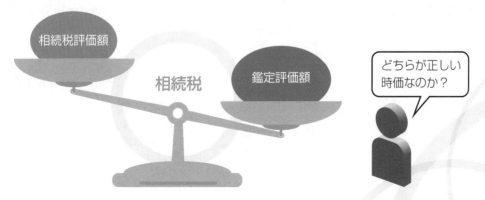

市場価格と相続税評価額の乖離の事例

次の事案（実際の裁判例）では自己資金約3.9億円と銀行借入金約10億円の合計13.9億円でマンション2棟を取得しました。その後購入者が死亡したため相続人がマンション2棟を国が定める相続税の評価方法で計算した価額約3.3億円とし、借入金や基礎控除などを差し引いた結果相続税額をゼロとして申告しました。しかし、税務署はこれらのマンションの市場価格の調査を不動産鑑定士に依頼したところ、時価は約12.7億円であるとしました。その結果、相続税額は約2.4億円であるとして課税しました。

このようにマンションの評価は、国が定めた財産評価基本通達による評価額が市場価格の30％前後ということが珍しくありません。

● 事案の概要

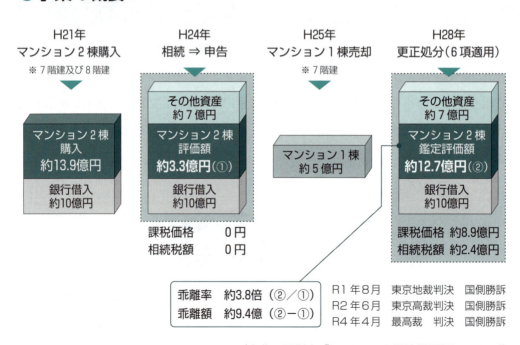

（出典：国税庁「マンションの相続税評価について」）

国税庁が定めた評価方法で申告しているのになぜ鑑定評価額か

　事案の納税者は国が定めた財産評価基本通達によって、言い換えると他の人と同じ方法で評価して申告しています。であるのにこの納税者だけ鑑定評価額によって申告しなければならないとすれば不平等です。なぜ、最高裁判所はこの事案だけ（この判決は令和４年４月19日に出ましたが、直後に評価対象不動産を売却していない事案で同じ判決が出ています。）鑑定評価額によるべきだと認めたのでしょうか。

合理的な理由がない限り平等原則に違反

　最高裁判所は判決文で「課税庁が、特定の者の相続財産の価額についてのみ評価通達の定める方法により評価した価額を上回る価額によるものとすることは、たとえ当該価額が客観的な交換価値としての時価を上回らないとしても、合理的な理由がない限り、上記の平等原則に違反するものとして違法というべきである」として、まずは納税者の主張を認めています。

合理的な理由があれば平等原則に反しない

　次に「相続税の課税価格に算入される財産の価額について、評価通達の定める方法による画一的な評価を行うことが実質的な租税負担の公平に反するというべき事情がある場合には、合理的な理由があると認められるから、当該財産の価額を評価通達の定める方法により評価した価額を上回る価額によるものとすることが上記の平等原則に違反するものではないと解するのが相当である」として、この事案では公平に反する合理的な理由があるため鑑定評価によることが認められるとしています。

合理的な理由とは

　鑑定評価によることが認められた合理的な理由として次の２つの点が指摘されています。

①相続税の負担が著しく軽減されること➡この事案では投資用不動産を取得することで相続税額が2億4,049万8,600円からゼロになっている。
②相続税の負担を減じ又は免れさせるものであることを知り、かつ、これを期待して、購入・借入れを企画して実行していること➡この事案では融資を受けた金融機関の内部稟議書に相続税対策による取得であると記載し、また相続人がそのための取得であることを明言している。

　①と②の両方に該当していると鑑定評価すべき要件を満たしていると考えられます。これについて、最高裁判所の調査官は「ジュリスト」や「金融法務事情」の法務専門誌で下級審における審理において、①については「軽減される相続税の額やその割合を総合的に考慮して、正に「著しい」といえる場合に限る趣旨と解される」としています。②については相続税対策で投資用賃貸不動産を取得する人はすべて当てはまりますので、具体的な判断基準にはなり得ません。そこで最高裁判所の調査官は「不動産の購入時期、購入原資、利用状況等の事情を総合的に考慮する必要がある」としています。

総則6項は国税庁長官の承認が必要

　土地や建物の評価方法は国税庁が定めた「財産評価基本通達」の定めによって行い、これによる評価を時価として課税しています。しかし、同通達の総則6項には、「この通達の定めによって評価することが著しく不適当と認められる財産の価額は、国税庁長官の指示を受けて評価する」と規定されています。課税の現場である税務署の調査官は勝手に通達による評価をしている申告を鑑定評価額で課税することはできません。仮に上記の合理的な理由に該当する場合でも、手続きに時間と手数がかかります。よって、鑑定評価額で課税されるのは相続税額の総額が巨額になる場合で、投資用賃貸不動産の取得により相続税額が著しく減額される場合に限定されると考えられます。

　とはいえ、安易な投資用賃貸不動産の取得による巨額な相続税額引下げ対策は慎むべきでしょう。

●総則6項適用の可能性

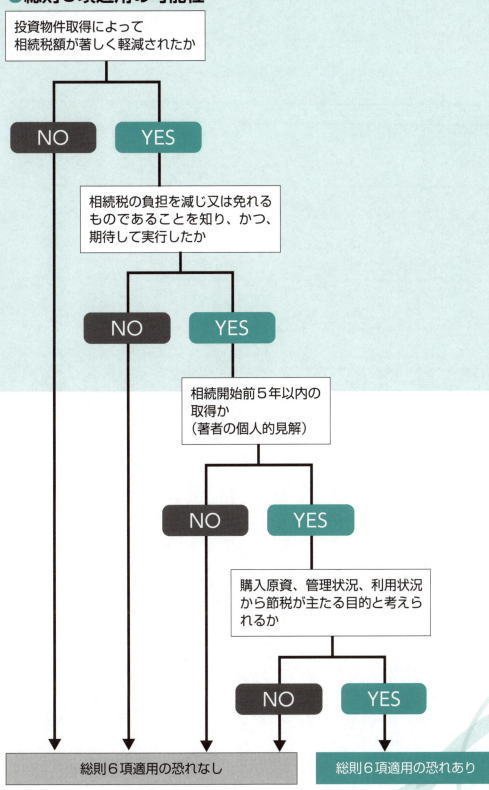

第4章

成功する生前贈与のポイント

01 両者の合意が贈与成立の条件

贈与は片務・諾成契約ですから、贈与者と受贈者の
意思表示と物の引渡しが成立要件です。
相続が発生してから他の相続人や課税当局ともめないように、
しっかりと贈与を立証しておくことが重要です。

贈与契約の成立要件は意思表示の合致

　贈与契約とは「ただでものをあげること」というのが私たちの常識ですが、本来の贈与とは民法上、「贈与の当事者同士が贈与契約を交わすこと」をいいます。つまり、一方が自分の財産を相手方に「ただであげる」（片務）、相手方が「はい、いただきましょう」（諾成）といって初めて成立するわけです。当然、どちらかが知らないといったことはあり得ません。

こんな贈与は要注意

　例えば、相続税の申告に際し、お孫さんが申告を依頼した税理士から「あなたは小さいころから、お祖父さんに毎年100万円もらっていたのですか？」と聞かれて、「よく覚えていませんし、祖父とそんな話をしたこともありません」と答えれば、当然に祖父と孫の贈与契約は成立していないことが判明します。よって、お孫さん名義の預金は祖父のものとされ、相続財産に含めて申告しなければならないのです。

　だからといって、もらった覚えもないのに「はい。毎年もらって、私が管理していました」等と適当なことを言ってしまい、税務調査で自分が全く知らなかったことが発覚した場合には、仮装隠蔽をしたとして脱税とみなされ、思わぬ追徴税がかかりますのでご注意ください。

贈与はいつ成立するか

　贈与契約は口頭でも書面でもできますが、民法の規定によりますと、口頭の場合は物の引渡しが済むまでは、いつでも撤回できます。

　よって、所有権の移転登記又は登録の目的となる不動産や株式の贈与がいつあったかについては、一般的にその登記や登録のあった日により判定することになります。

　税務上、贈与成立の時期をまとめると、98ページのようになります。

●贈与成立の時期

口約束	履行日
書面による贈与	契約書作成日 （登記・登録等が必要なものはその時）
贈与日が不明	名義変更時
停止条件付贈与	条件成就の時
農地等の贈与	農地法の許可又は届出の発効日

公正証書にした場合の贈与

　民法によりますと、書面で贈与契約をした場合、取り消すことができません。そこで、公正証書で不動産の贈与をしておけば登記をしなくても贈与が確定し、課税当局にはわからないだろうと思い込み、贈与税の申告をせず、かつ贈与税を支払わないケースがありました。申告期限から7年超が経過すれば時効が成立し、贈与税なしで財産がもらえると思ったのです。このようなケースで、「贈与は書面の契約により成立しており、かつ、贈与税はすでに時効だ」と主張しても、登記もしていないうえ贈与税を免れる目的であったのだから、贈与は登記時に成立しているとして、書面契約上の贈与は無効であることが判決により確定しています。

　税務上では、その贈与の日が明らかでないものについては、一般的にその登記があった時に贈与があったものとみなします。「贈与の立証」をするためにも、不動産や有価証券等を贈与した場合には、ぜひ不動産登記や有価証券の名義変更をして、必ず贈与税の申告をするようにしてください。

贈与契約書を作成

　お互いの意思を確認するために、贈与する際には贈与した人ともらった人が署名押印をした贈与契約書を作っておくとよいでしょう。贈与事実の強力な証明になり、さらに、契約書に公証役場で確定日付をもらっておけば、贈与時期についてもより確実になります。

親権者の意思表示で贈与は成立する

　意思の確認ができない場合、贈与は成立しません。ただし、民法においては、行為者が未成年である場合には親権者が代理として法律行為をすることができます。したがって、意思表示のできない幼児であっても親が親権者となり、その代理として贈与契約を結び、ものの引渡しを受けて預かっておけば贈与は成立することになります。

　このようなケースでは、特にその証拠をしっかり残すようにしてください。例えば、子の代わりに親権者が署名押印しておく贈与契約書の作成などがよいでしょう。

●贈与契約書モデル

贈与契約書

贈与者　山田　太郎　と受贈者　山田　謙二郎　との間で、下記のとおり贈与契約を締結した。

　　　第一条　山田　太郎は、その所有する下記の財産を山田　謙二郎に
　　　　　　　贈与するものとし、山田　謙二郎はこれを受諾した。
　　　　　　　　　贈与財産　現金　５百萬円
　　　第二条　山田　太郎は、上記財産を令和○○年○○月○○日までに
　　　　　　　山田　謙二郎に引き渡すこととする。

　　　上記契約の証として本書を作成し、贈与者、受贈者各１通保有する。

令和○○年○○月○○日
　　　贈与者（住　　所）　○○市×区○○町△△－××－○○
　　　　　　（署　　名）　山田　太郎　　　　印
　　　受贈者（住　　所）　○○市×区○○町△△－××－○○
　　　　　　（署　　名）　山田　謙二郎
　　　　　　親権者※（父）　山田　賢　　　　印
　　　　　　　　　　（母）　山田　明子　　　印

それぞれ署名・押印すること

※　未成年者の場合は、このように記載する。

第4章　成功する生前贈与のポイント

02

贈与税の計算はもらう人によって異なる

18歳以上の者への直系尊属からの贈与が
区分され特例贈与とされます。
この特例贈与については税率構造が緩和されており、
一般の贈与より減税となり、孫等への贈与は税負担が軽くなっています。

贈与税の計算の仕組み

　贈与税は、その年の1月1日から12月31日までに受けた贈与財産の合計額をもとにして、税額が計算されます。したがって、1年間に何回も贈与を受けている場合や、何人からも贈与を受けている場合は、それらのすべてを合計します。贈与税にも相続税と同様、贈与財産額から差し引くことのできる基礎控除110万円（年間）があります。もし、贈与された財産の評価額が、この基礎控除額の110万円以下であれば、贈与税が課税されることはありません。

贈与税額の計算方法

　贈与税額は、次の算式のように、贈与された財産の価額（課税価格）から基礎控除額110万円を差し引いた残りの額に、贈与税の税率をかけて計算します。

　暦年課税の贈与税は累進税率ですので、課税価格を税率ごとに区分してそれぞれの税額を計算しなければなりません。このやり方だと計算が複雑になりますので速算表を用います。

算式

（贈与により取得した財産の価額－基礎控除額110万円）×税率－控除額＝贈与税額

（注）相続時精算課税制度を選択した親からの贈与を除きます。なお、贈与税の配偶者控除を受ける場合には、基礎控除額の他に配偶者控除額（最高2,000万円）を課税価格から差し引きます。

●贈与税の速算表

課税価額	一般贈与	特例贈与（18歳以上の者への直系尊属からの贈与）
200万円以下	10%	10%
200万円超　300万円以下	15％ － 10万円	15％ － 10万円
300万円超　400万円以下	20％ － 25万円	
400万円超　600万円以下	30％ － 65万円	20％ － 30万円
600万円超1,000万円以下	40％ － 125万円	30％ － 90万円
1,000万円超1,500万円以下	45％ － 175万円	40％ － 190万円
1,500万円超3,000万円以下	50％ － 250万円	45％ － 265万円
3,000万円超4,500万円以下	55％ － 400万円	50％ － 415万円
4,500万円超		55％ － 640万円

贈与税の税率構造は2種類

　贈与により取得した財産については、18歳以上の者（子や孫）が直系尊属から贈与を受けた財産については特例贈与財産として、それ以外の人から贈与を受けた財産については一般贈与財産として、2つに区分され贈与税率が異なります。どちらの贈与財産についても贈与税の計算方法は同様です。

　また、同じ年に特例贈与財産と一般贈与財産の両方を取得した場合には、基礎控除額の他に配偶者控除額を控除した後の課税価格について、次の算式により算出した金額の合計額（①＋②）がその年の贈与税額となります。

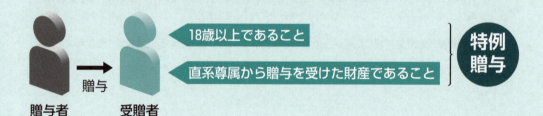

●特例贈与財産と一般贈与財産の両方を取得した場合

算式

① （合計課税価格×特例贈与財産の贈与税率－速算表控除額）× $\dfrac{\text{特例贈与財産の価額}}{\text{合計贈与価額}}$

② （合計課税価格×一般贈与財産の贈与税率－速算表控除額）× $\dfrac{\text{一般贈与財産の価額}}{\text{合計贈与価額}}$

①＋②＝その年の贈与税額

具体例

父から800万円（特例贈与）、知人から200万円（一般贈与）をもらった場合の贈与税額の計算方法

受贈額　　　　　　　　　　　基礎控除額　　　　　　　　　　　合計課税価格

（800万円＋200万円）　－　110万円　＝　890万円

①特例贈与財産の税率による金額

税率　　　　　　　　　　速算表控除額

890万円×30%　－　90万円　＝　177万円

特例贈与価額
800万円　　　　　　　　　　　　贈与税額

177万円　×　―――――――　＝　141万6,000円
合計贈与価額
1,000万円

②一般贈与財産の税率による金額

税率　　　　　　　　　　速算表控除額

890万円×40%　－　125万円　＝　231万円

一般贈与価額
200万円　　　　　　　　　　　　贈与税額

231万円　×　―――――――　＝　46万2,000円
合計贈与価額
1,000万円

③その年の贈与税額

①　＋　②　＝　187万8,000円

03

相続と暦年課税による贈与の有利不利

相続税と比較すると贈与税のほうが負担が重くなっています。

しかし、適切額を繰返し贈与する、

評価を下げて贈与するなどを実施すれば、

贈与はシンプルでベストな相続税対策といえます。

相続税と贈与額の比較

　相続税は人が亡くなったときに納める税金ですから、生前に全部の財産を贈与して遺産がなくなってしまうと、相続税はかかりません。このような不公平な事態をなくすために、相続税を補完する税金が贈与税です。したがって、贈与税の累進税率は相続税の累進税率よりはるかに高く、また、贈与税の基礎控除額（年間110万円）は、相続税の遺産に係る基礎控除額（3,000万円＋600万円×法定相続人の数）とは比較にならないほど小さな金額になっています。

　家族に財産を生前に贈与して贈与税を納めるか、又は相続が発生してから相続税を納めるか、どちらのほうが税金の負担が軽くてすむかはケースによって異なります。例えば、一時に全財産を移転する場合は、実効税率の低い相続税の方が有利といえるでしょう。しかし、贈与は贈与者が選んだ時に、選んだ人に自由にできますから、相続税の実効税率よりも低い税率の範囲内で贈与するならば、贈与のほうが税法上有利といえるでしょう。

贈与税には基礎控除額がある

　特に注目したいことは、贈与税には年間110万円の基礎控除額があることです。この基礎控除額を利用して生前贈与を行うことは、相続税対策として最も効果のある方法でしょう。相続財産を減少させることができる上、年間110万円以下の贈与額ならば贈与税はゼロだからです。しかし、あまり少額な贈与では相続財産を減少させる効果はほとんどありませんし、高額すぎる贈与は、相続税の節税効果は大きくても贈与税の負担が非常に重くなるので、結果的にはマイナスになることも考えられます。

アドバイス

　生前贈与を成功させるためには、「適切な贈与額」を見つける必要があります。相続開始までの期間が長く7年超になると予想される場合には、少額な贈与で基礎控除額や低い税率を繰り返し活用しながら、多額の財産を移転することができます。しかし、相続の発生が比較的短期のうちに予想される場合には、一般贈与よりも税負担の軽い18歳以上の相続等により財産を取得しない孫等への特例贈与により、ある程度の贈与税の負担をしても、思い切って贈与する方が節税となることが考えられます。

　つまり、相続開始までの期間を予測し、相続税と贈与税の実効税率をしっかり比較検討した上で効率良く計画的に贈与を行っていくことが大切です。

贈与税の負担軽減のワンポイントレッスン

ケース1 1人の人に集中せず、複数の親族に贈与する

　例えば、長男に1,500万円贈与する代わりに、長男、長男の妻、長男の子3人の計5人に300万円ずつ贈与すると、贈与税の負担は、366万円から、5人分の合計税額95万円となり、税負担が非常に軽くなります。ただし、この場合は各人それぞれに渡していることを確実に立証できるようにしておくことが重要です。

ケース2 一時に贈与せず、複数年にわたり贈与する

　令和6年中に1,500万円を長男に贈与する代わりに、令和6年中に500万円、令和7年中に500万円、令和8年中に500万円と3年間にわたって贈与したとします。贈与税の負担は366万円から、3年分の合計税額145.5万円となり、税負担が半額以下になります。

　どのように贈与するかにより、贈与税の負担は軽くなるのです。

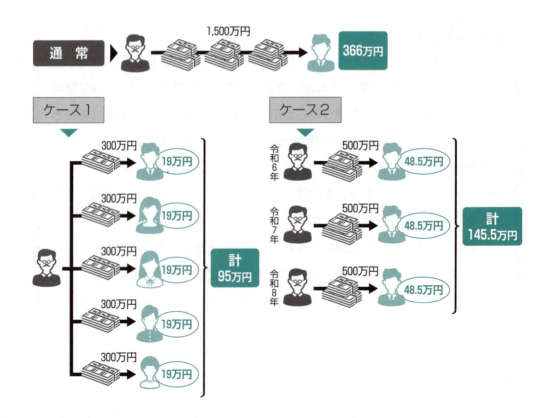

選択は慎重に

精算課税制度」を選択しますと、相続発生まで財

合、令和6年以後の贈与から控除できる基礎控除

取得しても相続で取得しても負担すべき税額は一緒

贈与の時期、相続の発生時期によって、贈与財産の贈

は大きく変動します。

がりするものの贈与や、相続税の申告の時に持ち戻す必

については、暦年課税に比較すると有利です。しかし、

税率の範囲で生前贈与加算期間の7年を超えて長期にわ

は相続時に持ち戻しのない相手に贈与するなら、暦年課税

年課税か相続時精算課税を選択するのか、慎重に検討する必

注意する

納めなくてはなりません。納税資金が不足する場合も

らった場合が問題となります。そこで、手元に納税

地や収益を生まない建物などではなく、高収益の見

う。

延納の制度がありますので、これを利用するこ

期間は最長5年間に限られ、また非常に金利が低

とをお忘れなく！

平均税率 (%)
0
6
4
5.6
6.3
8.3
9.7
11.3
12.5
14.6
16.3
17.7
29.2
34.5
40.9
47.9

第4章 成功する生前贈与のポイント

●贈与額別にみた暦年課税による贈与税額

年間贈与金額 （基礎控除前）	一般贈与		特例贈与	
	贈与税額	平均税率 （%）	贈与税額	
100万円	0万円	0	0万円	
150万円	4.0万円	2.6	4.0万円	
200万円	9.0万円	4.5	9.0万円	
250万円	14.0万円	5.6	14.0万円	
300万円	19.0万円	6.3	19.0万円	
400万円	33.5万円	8.3	33.5万円	
500万円	53.0万円	10.6	48.5万円	
600万円	82.0万円	13.6	68.0万円	
700万円	112.0万円	16.0	88.0万円	
800万円	151.0万円	18.8	117.0万円	
900万円	191.0万円	21.2	147.0万円	
1,000万円	231.0万円	23.1	177.0万円	
2,000万円	695.0万円	34.7	585.5万円	
3,000万円	1,195.0万円	39.8	1,035.5万円	
5,000万円	2,289.5万円	45.7	2,049.5万円	
1億円	5,039.5万円	50.3	4,799.5万円	

04 賢く暦年課税による贈与をする基本

相続開始前７年（令和５年末までの贈与の場合は３年）以内の贈与は
持ち戻されて相続税が課税されます。
また、贈与税対策で複数人に不動産の持分贈与をする人がいます。
誰に何を贈与するかは、遺産分けや相続税の節税も考えて実行しましょう。

７年以内の贈与財産は相続財産に加算

　贈与によって不当に相続税を免れないように、被相続人から相続等によって財産を取得した人については、７年（令和５年末までの贈与の場合は３年）以内に被相続人から贈与された財産を相続財産に加算し、その代わりに、納税した贈与税については相続税から控除するという制度が設けられています。この場合、控除しきれない贈与税については還付されません。よって、原則として、相続開始前７年以内の相続等により財産を取得した人への贈与は、相続税の節税には効果がないのです。

●**具体例**

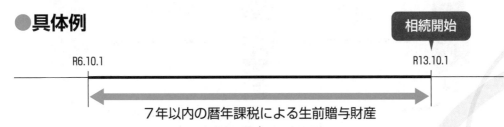

（注）ただし、納付した贈与税額は相続税額を限度に控除できます。

相続財産に持ち戻されない贈与方法

　生前に贈与できたのですから財産の移転という意味では成功ですが、相続税の節税の観点では、相続財産に持ち戻されることになり効果がありません。したがって、相続税の節税も兼ねて生前贈与をするときには、相続人に対しては計画的に贈与を行い、持ち戻されることのないように行うのがよいでしょう。令和6年1月1日以後の贈与から、相続開始前加算対象期間が3年から7年に延長されましたので、相当早くから贈与を行わないと効果がありません。

　また、加算対象者は相続等により財産を取得した相続人等に限られますので、遺産等を取得しない人に対する贈与の場合は加算対象外となっています。例えば、相続人の配偶者（嫁や婿）や孫などの相続人でない人たちへの贈与です。これらの人への贈与ならば、相続の直前であっても持ち戻されることなく贈与税のみで完結します。ただし、遺言で財産をもらった人、死亡保険金を受け取った人等の場合には、相続税の納税義務者となりますので、生前贈与加算を受ける対象者になることに注意してください。

> **アドバイス**
>
> 　孫が相続等により財産を取得したとき、養子縁組をしているケースでも相続税の2割加算が適用される場合があり、子が相続するより相続税が少し高くなります。しかし、孫への贈与は、本来ならば親から子、そして孫へと二度も相続税を払って財産を移転するかわりに、一度の贈与税で済みますので、将来を見据えた賢い方法といえます。

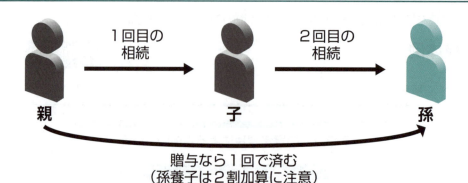

遺留分を考えて贈与する

　好きな人に、好きなものを、好きなだけあげられるからといって、相続人間の財産分割を考えることなく贈与してしまうと、相続発生後、贈与を受けた人が他の相続人（被相続人の兄弟姉妹を除く）から遺留分侵害額請求をされ、かえって困ってしまうことがあります。生前贈与のポイントは後でもめないようにすることですから、これでは逆効果です。遺留分（配偶者や子の場合には法定相続分の2分の1、直系尊属の場合には3分の1）も考慮した上で贈与するようにしてください。

居宅の持分贈与は要注意

　贈与税を安くしようと、数多くの親族に少しずつ分散して贈与する人がいます。この場合、簡単に分けることのできる現預金については問題ありませんが、不動産の持分贈与については要注意です。不動産について贈与により共有になると、収入や諸費用を分けたりする手間や、売却や増改築するに当たり意見が食い違うなど困った状態になるからです。

　特に居宅の贈与の場合、居住者以外の人がもらっても使うことのできない財産となりますので、固定資産税の負担の問題もあり、相続後居住者である相続人が兄弟等から持分の買い取りを請求されるケースが増えてきています。居住者である相続人が収益性や換金性のない居宅を買い取らなければならなくなった場合、資金もなく非常に困ってしまうことにもなりかねません。居宅やその敷地を居住している人以外に贈与するのは避けたほうがよいでしょう。

第4章　成功する生前贈与のポイント

05 相続時精算課税制度の あらまし

子と孫への贈与については相続時精算課税制度が選択できます。

ただ、110万円の基礎控除部分を除き、相続時に課税財産に加算されますので、

原則として大きな相続税の節税にはなりません。

受贈者はしっかり理解して選択することが重要です。

相続時精算課税制度の適用要件

　相続時精算課税制度は、暦年課税との選択によって適用が認められている制度で、満60歳以上の祖父母又は親から、満18歳以上の直系卑属である推定相続人（代襲相続人も含まれ、養子でもＯＫです）及び孫に対する贈与について選択することができます。令和6年1月1日以後の贈与からは、毎年の基礎控除額110万円が創設され、基礎控除後2,500万円までは無税で、これを超える部分については一律20%の税率の贈与税ですむという非常に贈与税負担の低い制度です。

　養子の人数に制限はなく、兄弟姉妹がそれぞれ別々に選択できますし、父母についてもそれぞれの親ごとに選択することができます。さらに、暦年課税制度では、贈与者ごとにその年に受けたすべての人からの贈与財産を合計して贈与税を計算しますが、この制度の適用を受けた場合には、切り離して祖父、祖母、父、母ごとに計算し、その贈与者に相続が発生するまで合算していきます。

● 相続時精算課税制度の仕組み

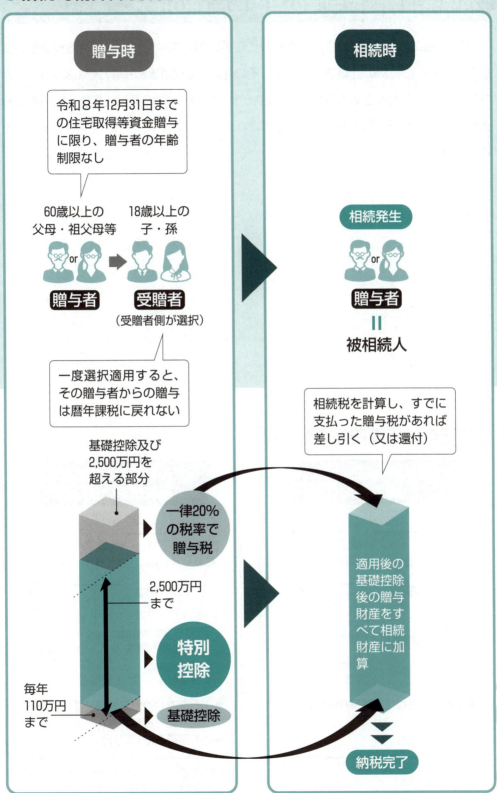

相続時精算課税制度の基礎控除額の按分

　暦年課税に関しては基礎控除額の計算に変更はありませんが、相続時精算課税制度は受贈者ごとに税額の計算を行います。その年において相続時精算課税適用者に係る特定贈与者が二人以上ある場合には、相続時精算課税制度の適用を受ける贈与額の合計額に対して基礎控除110万円が適用されますので、それぞれの贈与額で按分することになります。

●改正後の基礎控除の取扱い

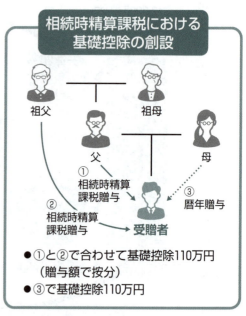

※　複数の特定贈与者から贈与を受けた場合は、基礎控除110万円をそれぞれの贈与額に応じ按分する

相続時精算課税制度の手続きと注意点

　相続時精算課税制度の適用を受けようとする人は、贈与を受けた年の翌年2月1日から3月15日までの間に、相続時精算課税制度を選択する旨の届出書を贈与税の申告書に添付して税務署に提出する必要があります。一度この制度を選択したら、その贈与者との間では、相続発生時までこの制度が適用され、暦年課税制度に戻ることはできません。

　なお、相続時精算課税制度を最初に選択した年には必ず選択届出書の提出は必要ですが、基礎控除110万円以下の贈与の場合には贈与税の申告書を提出する必要はありません。

　贈与の回数や財産の種類、1回の贈与金額、贈与の期間などに制限はありませんので、毎年の基礎控除110万円を控除後2,500万円の大きな特別控除額に達するまでは何度でも無税で贈与できます。基礎控除後、2,500万円を超えて初めて20%の税率で贈与税を納める必要が生じるのです。

相続時精算課税制度を選択した場合の相続税

　相続時精算課税制度を選択した相続人は、その贈与者である祖父母や親に相続が発生した時に、それまでにこの制度の適用を受けた課税価格（基礎控除後）と相続した財産とを合算して計算した相続税額から、二重課税にならないように、納付した贈与税額を控除して相続税を計算することになります。たとえ、相続時に財産を取得しなかったとしても、この制度を選択した受贈者は、基礎控除部分を除き贈与により取得した財産を相続により取得したとみなされ相続税が課税されるのです。何も相続していないのに相続税だけかかることもありますので、ご注意ください。

第4章　成功する生前贈与のポイント

贈与時の課税価格で計算

　また、相続財産については、相続発生時の課税価格で計算されますが、相続時精算課税制度を選択した贈与財産を相続財産に加算する価額は、贈与を受けた時の基礎控除後の課税価格で計算します。この取扱いが相続時精算課税制度を選択すべきかどうかの1つのポイントです。

　なお、相続税の計算は従来と同じように法定相続分による課税方式で計算し、相続税額から控除しきれない贈与税額がある場合には、その贈与税相当額の還付を受けることができます。まさに、相続のときに贈与税と相続税との間の精算が行われるのです。

精算課税による贈与の本質は税金対策ではない

　このように、相続時精算課税制度を選択すれば、非常に軽い贈与税の負担で資産を次世代へ計画的に移転できます。なお、基礎控除額以下の贈与の場合は相続時に持ち戻す必要がないので、贈与税も相続税もかからず非常に有利な贈与となっています。早めに次世代へ資産を移転すれば、子や孫たちがその資産を活かして、必要に応じて投資や消費などに有効活用することができ、経済の活性化につながることになります。

　ただし、孫への贈与については、この制度を選択した場合、基礎控除額を超える部分は相続財産に持ち戻され相続税の納税義務者となる上、2割加算が適用される可能性があります。相続税のかかる一家にとっては、結果として相続税が増えることも考えられますので、よく注意したいものです。

　なお、相続税のかからない家族にとっては、親が苦労し守り蓄えてきた資産を生前に贈与されるので、子や孫たちは大喜びするでしょう。贈与を受けた子や孫は心から感謝して、祖父母や親が生きているうちにしかできない孝行をすることが大切です。お互いに感謝し、喜びあう本当の「家族関係」が生まれるのではないでしょうか。

06 相続時精算課税制度の
メリット

原則として大きな相続税の節税にならない相続時精算課税制度であっても、
上手に活用すれば相続税の税額が減少していることもあります。
収益性の高い不動産や値上がりが予想される土地、
収用が予想される不動産は有利な贈与財産といえるでしょう。

将来値上がりする可能性の高い財産を贈与

　需要が高く値上がりするものもあれば、供給過多で値下がりするものもあり、今後
の資産価値の予想は非常に困難です。そのような中でも将来値上がりが予想できる不
動産としては、例えば、ここ数年のうちに市街化区域に編入されることが予想される
調整区域内の土地や再開発が決まり変身する地域、収用予定地などがあります。

　このように、現在は利用制限や環境不良により評価額が低いにもかかわらず、将来
その利用価値や環境が改善されることが予想され、評価額の上昇が望めるものについ
ては、これらを評価の低いうちに贈与することは大事な視点です。

評価が下がっているものを贈与する

　現金に比べると、建物やゴルフ会員権などの評価額は実際の取引価格よりも低くなっています。例えば、建物の相続税評価額は、国税庁の定める評価方法によると、固定資産税評価額（建築価額の約60％程度）で評価することができます。なお、賃貸している場合は借家権割合を控除することになっており、借家権割合は全国一律30％となっています。新築の貸家の場合には、その相続税評価額は投資金額の40〜50％程度と大幅に下落します。

　相続時精算課税制度により贈与する場合には、このように評価が下がっているものを贈与するとよいでしょう。相続時に精算されることを想定すると、この収益物件の贈与は相続時精算課税制度を選択する場合の切り札ともいえます。現金と比較して非常に低い評価であり、毎年安定した収益が入ってきますので、デフレやインフレによる将来のリスクにも備えることができます。

着実に収益を生む財産を贈与する

　上記で説明したように、賃料収入が確実に入ってくる物件を贈与すると、低い評価額で贈与でき、安定収入がそのまま後継者に移転できるというメリットがあります。ただし、なるべく高収益な物件でないと費用倒れになることも考えられますのでご注意ください。

　特に典型的なのがロードサイド店舗や貸倉庫ですが、借入金や建設協力金がある場合が多く、慎重な贈与が求められます。また、老朽化した建物等は修繕費などの負担により、もらった人にとっては、かえって経済的には持ち出しが多くなることも考えられますので、修繕してから贈与するなどの考慮が必要です。

　贈与につき相続時精算課税制度を選択する場合は、値上がり益を狙うといった不確定な要素ではなく、毎年安定的な収益が確保できる要素を重視した、リスクの低い方法がよいでしょう。

●生前贈与のポイント

あげたい人に・あげたいものを・あげたい時に

生前贈与に適した財産

精算課税も
暦年課税も
これが
ポイント！

収益を生むもの
- 賃貸物件
- 配当の高い株式
- 利回りの高い外国債券 など

将来値上がりするもの
- 都市計画変更、又は収用予定地
- 業績好調な株式 など

特例を活かすために贈与する

　現在の所有形態のままでは、税制の様々な特例の適用を上手に受けられないケースがあります。せっかくの特例を最大限に活かすために贈与したくとも、贈与税負担が高すぎて実行できないこともままあります。そんな場合にこそ、相続時精算課税制度を選択し贈与税の負担を抑えながら、事前に次のような贈与をしておくことも1つの対策といえるでしょう。

居住用財産の譲渡特例を活用するための贈与

　親又は祖父母が所有している子や孫の自宅の敷地を売却した場合、親又は祖父母にとっては居住用財産に該当せず、居住用財産の譲渡所得の特例等は使えませんので、譲渡益がある場合には税金を払わなくてはなりません。このようなことが将来想定できるケースでは、親又は祖父母から自宅の敷地を贈与してもらえば、子や孫にとっては土地も家屋もどちらも居住用となるので、3,000万円の特別控除や軽減税率をしっかりと活用できることになり、売却に対する税金は減少することになります。

　相続税のかからない家族ならば、相続という後顧の憂いもないのですから最適な方法といえるでしょう。

譲渡損失が生じるものは子や孫の所得税対策にも？

　贈与された資産の譲渡所得計算上の取得費は、贈与した人が資産を取得したときの価額となります。親又は祖父母が高値で買い、今では大きく値下がりして損失が発生している有価証券や不動産を子や孫に贈与するプランは節税効果が生じることもあります。

　子や孫がもらった有価証券や不動産を売って大きな損失が生じた場合、上場有価証券の譲渡損は上場有価証券の譲渡益と、不動産の譲渡損は不動産の譲渡益とに限られますが、同じ分離課税内の所得に譲渡益があればこの損失と損益通算することができ、所得税等が減少することもあるからです。さらに、上場有価証券の損失の場合には、配当所得とも損益通算できます。

　本来、親又は祖父母の税金が減少するはずなのに、受贈者に多額の譲渡益や配当所得がある場合には、贈与を通じて子や孫の税金が減少するというダブル効果の嬉しい贈与となります。子や孫が有価証券や不動産等につき、配当所得や含み益を持っているなら、一度検討されてはいかがでしょうか。

07

扶養義務者からの生活費や教育費の贈与

扶養義務者間の生活費や教育費で通常必要と認められるもの
については税金がかかりません。
学費や出産費用についても、必要な都度直接負担すれば非課税ですが、
受贈者がそのお金で貯蓄や株式を買った場合等には贈与税がかかります。

扶養義務者が負担した生活費や教育費

　民法で定められている「扶養義務者」とは、配偶者並びに直系血族及び兄弟姉妹等をいいます。この扶養義務者が扶養義務に基づき、子や孫の必要最低限の生活費又は教育費を負担しても、贈与には当たらず、また、子や孫に所得税もかかりません。義務なので否応なく、その費用を負担しなければならないからです。

　また、扶養義務の範囲を超えた扶養義務者相互間における生活費又は教育費（例えば、高収入の子等の家賃等）については贈与とされますが、「通常必要と認められるもの」については、贈与税の課税対象となりません。

　なお、「生活費」とは、その者の通常の日常生活を営むのに必要な費用をいい、治療費や養育費その他これらに準ずるものを含みます。

　「教育費」とは、被扶養者（子や孫）の教育上通常必要と認められる学費、教材費、文具費等をいい、義務教育費に限られません。したがって、直系血族である孫の大学の入学金や授業料、サッカーやピアノ教室の月謝を直接支払っても、孫には収入がありませんので、所得税も贈与税もかからないのです。

第4章　成功する生前贈与のポイント

通常必要と認められる範囲は非課税

ただし、贈与税の対象とならない生活費又は教育費に充てるために贈与をした財産のうち「通常必要と認められるもの」とは、贈与を受けた者の必要性と贈与をした者の資力その他一切の事情を考慮して、社会通念上適当と認められる範囲の財産をいいます。

よって、高収入を稼いでいる子の口座に、生活費や孫の教育費を振り込んだ場合には、贈与税は非課税とはなりません。生活費の補てんをしてもらわなくとも子自身は生活できますし、孫の教育費は子が自身の子の扶養義務として負担したものとされ、親が振り込んだお金は単に贈与とされるからです。

● 贈与税の課税関係

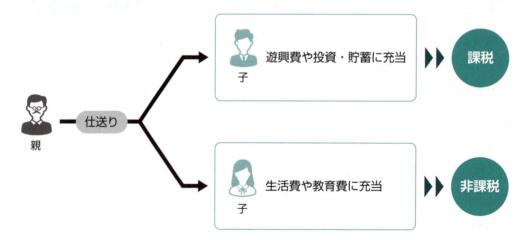

生活費、教育費に使わなかった部分には贈与税

生活費や教育費といった名目で贈与されたものであっても、必要な都度、直接これらの用に充てるために渡すということがもう１つのポイントです。例えば、数年間分の生活費又は教育費を一括して贈与した場合において、その財産が生活費又は教育費に充てられずに預貯金となっている場合、不動産や株式・車の購入資金に充てられた場合等のように、その生活費又は教育費に充てられなかった部分については、贈与税の課税対象となります。

必ず、授業料や家賃は直接振り込むなど、収入のない家族への援助であることを立証しておくことをおすすめします。

なお、祖父母又は父母からの教育資金や結婚・子育て資金の一括贈与について非課税とされる特例がありますので、検討されるとよいでしょう。

婚姻費用はどうなる？

子が結婚するに当たり、親が新居の購入費用を負担すれば贈与税がかかります。ところが、祖父母や親から、家具、寝具、家電製品等、婚姻後の通常の日常生活を営むために必要な家具什器等の贈与を、子や孫が受けた場合には贈与税はかからないのです。もし、直接の家具等でなく現金を渡したとしても、その全額を家具等の日常生活品の購入費用に充てた場合等には、やはり贈与税はかかりません。

しかし、贈与を受けた金銭をいわゆる持参金として預貯金にしている場合、不動産の購入資金の一部に充てた場合等のように、その生活費（家具什器等の購入費用）に充てなかった部分については、贈与税の課税対象となります。

また、結婚式・披露宴の費用を誰（本人、その親）が負担するかは、その結婚式・披露宴の内容、招待客との関係・人数や地域の慣習などによって様々となっているため、事情に応じて本来費用を負担すべき人がそれぞれ、その費用を分担している場合には、そもそも贈与に当たりませんので、贈与税はかかりません。

第4章　成功する生前贈与のポイント

出産費用やお祝いはどうなる？

　出産に当たって、子が親から検査・検診、分娩・入院に要する費用について贈与を受けた場合、これらについては治療費に準ずるものであることから、やはり贈与税はかかりません。また、新生児のための寝具、産着等ベビー用品の購入費用に充てるための金銭を渡され、これを生まれてくる子のためのベビー用品の購入費用に充てた部分についても、贈与税はかかりません。

　これらの費用の贈与は、親の温かい心を活かす最高の節税策といえるでしょう。

08 相続税・贈与税の今後の動向

諸外国では贈与税と相続税が統合されており、
日本でもこれらの制度を参考にした相続税と贈与税の改正が
これからも検討される予定です。
その動向と対策について考察します。

日本の現行の贈与税と相続税の取扱い

　日本では贈与税と相続税は別体系になっており、相続前3年間の贈与額のみ相続で財産を取得した人の相続財産額に加算して相続税が計算されていました。改正により、令和6年1月1日以後の贈与から相続開始前贈与の加算期間が7年に延長されています（暦年課税制度）。また、60歳以上の父母・祖父母から贈与を受けた18歳以上の直系卑属である推定相続人・孫等である受贈者が相続時精算課税制度を選択した場合には、選択後においては累積贈与額と相続財産額に対し相続時に加算して、一体的に課税されています。改正により、令和6年1月1日以後の贈与から基礎控除額110万円が創設され、この基礎控除部分については相続時に加算する必要がなくなっています。

　よって、暦年課税制度では贈与と相続では税負担が異なり、相続時精算課税制度の選択後は基礎控除部分を除き、贈与と相続で税負担は一定となります。相続時精算課税制度は諸外国の制度に近いといえます。

財産を分割することで節税が可能

　暦年課税制度では、将来の相続財産が比較的少ないと想定される家族では、相続財産に適用される限界税率に比べ、贈与税の税率構造が高い水準にあるため、高い贈与税のことを考えて抑制してしまうと考えられます。

　他方、高額な相続財産を有する家族では、相続財産に適用される限界税率を下回る水準まで財産を分割することで、相続税の累進負担を回避しながら、多額の財産を移転することができます。暦年課税制度による贈与税は、110万円の基礎控除と10%から55%の累進税率で課税されており、高税率で相続税が課税される富裕層にとっては、相続税率より低い税率の贈与を繰り返すことによって、大きく相続税を節税することができるのです。

　この節税を防ぐために、令和6年1月1日以後の贈与から相続開始前贈与の加算期間が7年に延長されています。

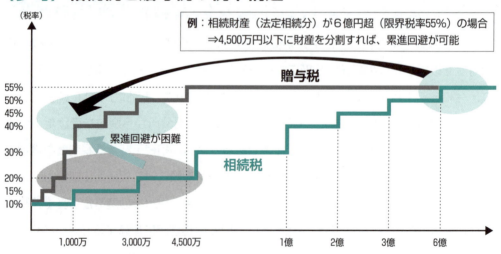

（参考）相続税と贈与税の税率構造（イメージ）

例：相続財産（法定相続分）が6億円超（限界税率55%）の場合
　⇒4,500万円以下に財産を分割すれば、累進回避が可能

贈与税：課税価格（取得財産価額－基礎控除額）
相続税：各法定相続人の法定相続分相当額（課税遺産総額を法定相続分で按分した額）

例：相続財産（法定相続分）が4,000万円（限界税率20%）の場合
　・財産を1,000万円に分割しても、贈与税の限界税率は30%（累進回避は困難）
　・財産を400万円に分割した場合、贈与税率15%（累進回避が可能）

諸外国の課税から予測し、贈与を検討する

　諸外国と日本では相続税の計算方法が大きく異なっており、簡単には比較できません。

　アメリカでは被相続人の遺産総額に対して、相続人が何人いるか、誰がどの財産を相続するのかとは関係なく相続税が決まる遺産税方式です。そして、課税される贈与税と遺産税（日本の相続税）とは税率表が共通で、一生を通じての累積贈与額と相続財産額に対して一体的に課税されており、一生涯の生前贈与と相続で遺産税方式による税負担は一定となっています。

　また、フランスとドイツでは、遺産総額とは無関係に相続人が取得した財産額に相続税が課税される遺産取得課税方式となっています。また、贈与税と相続税とは一体化されており、一定期間（フランス15年、ドイツ10年）の累積贈与額と相続財産額に対して一体的に課税されており、一定期間の生前贈与と相続で遺産取得課税方式による税負担は一定となっています。

　これらの国際的な動向を考慮すれば、日本の相続税の課税体系の変更や、より相続税と贈与税を一体化する制度へ改正されることも想定できます。

　これらの事を考えると、贈与するならこれらの改正が行われる前に行うことがよいでしょう。一度ご検討されてはいかがでしょうか。

第4章　成功する生前贈与のポイント

●我が国と諸外国の相続・贈与に関する税制の比較

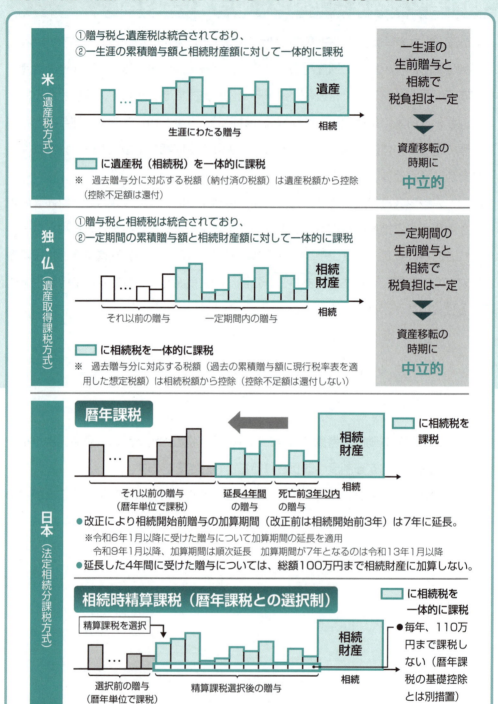

●どのような財産の贈与が良いのか

将来値上がりする可能性の高い財産	市街化区域への編入予定の調整区域内の土地や収用予定地など、現在の評価額が低くとも、将来その利用価値が上がる可能性の高いものがあれば、これを評価の低いうちに贈与することは大事な視点です。
評価が下がってからの贈与	評価が下がってから贈与するという方法も考えられます。例えば、現金で収益建物を建築し、貸家の評価にすると、現金に比べると40％〜50％程度の評価額になります。まさに、評価を圧縮して贈与するという方法です。
着実に収入を生む財産	中古の賃貸建物で賃料収入が確実に見込まれるような物件ですと、低い評価で贈与できるのに安定収入がそのまま受贈者に移転できるというメリットがあります。ロードサイド店舗などの収益性の高い物件や高利回りの外国債券等を贈与するとよいでしょう。

住宅取得等資金の非課税贈与を期限内に実行

　18歳以上で、その年分の合計所得金額が2,000万円以下である者（受贈者）が、直系尊属（贈与者）から令和8年12月31日までの間に、住宅取得等資金の贈与を受けて一定の新築住宅の取得等をした場合に、省エネ（ZEH基準）・耐震・バリアフリー住宅の場合は1,000万円、それ以外の住宅の場合は500万円まで贈与税が非課税となる特例があります。

　この非課税特例の適用は住宅の新築だけではなく、新築建物とともに取得する土地又は先行取得土地等を含み、新築物件の購入や既存住宅の取得や増改築についても対象となります。この非課税特例の適用要件は床面積が50㎡以上240㎡以下とされていますが、合計所得金額が1,000万円以下の受贈者に限り、40㎡以上240㎡以下とされています。

教育資金の非課税贈与を期限内に実行

　30歳未満の子・孫等の教育資金に充てるために、その直系尊属である父母又は祖父母等が締結した教育資金管理契約等に基づき、金銭や金銭信託受益権等を令和8年3月31日までの間に受贈者が取得した場合、最高1,500万円（学校等以外は500万円）までの金額につき贈与税が非課税となる特例があります。なお、前年の合計所得金額が1,000万円超の受贈者は適用できません。

　また、令和3年4月1日以後の契約等から、贈与者が死亡したときの管理残額は、受贈者が贈与者から相続又は遺贈により取得したものとみなされて相続税が課税されることになっています。この場合、23歳未満や在学中など一定の者は相続時に加算されず安心でしたが、令和5年4月1日以後の契約等からは、贈与者の死亡に係る相続税の課税価格の合計額が5億円を超える場合には、これらの要件を満たしていても相続時に加算されることになっています。なお、受贈者が一親等の血族以外（孫等）である場合には、相続税額の2割加算の対象となります。

結婚等資金の非課税贈与を期限内に実行

　18歳以上50歳未満の子・孫等の結婚・子育て資金の支払いに充てるために、その直系尊属である父母又は祖父母等が締結した結婚子育て資金管理契約等に基づき、金銭や金銭信託受益権等を令和7年3月31日までの間に受贈者が取得した場合に、1,000万円（結婚資金は300万円）までの金額については、贈与税が非課税となる特例があります。なお、前年の合計所得金額が1,000万円超の受贈者は適用できません。

　この特例では、贈与者が死亡したときの管理残額については、受贈者が贈与者から相続等により取得したものとみなされ相続税が課税され、受贈者が一親等の血族以外である場合には相続税額の2割加算の対象となります。

今後の動向

　これらの非課税特例は期限とともに廃止される可能性もあります。大型の非課税枠ですから、住宅や教育等にまだまだお金が必要なお孫さんがおられる富裕層の方は、これらの非課税特例に係る贈与を期限までに実行されてはいかがでしょうか。もし税制改正があったとしても、過去の贈与に遡及されることはないと思われますので、安心の事前対策といえるでしょう。

第5章

不動産贈与の実践ノウハウ

01 現金贈与か不動産贈与か

贈与は相続税の節税になるシンプルでベストな方法ですが、
何を贈与するかで効果が大きく異なります。
現金贈与に比較すると、不動産の贈与は効果が
大きいのですが、諸費用がかかることも考慮してください。

贈与後の収入は贈与された人のもの

　現金贈与と異なり、不動産は登記をもってその事実が確定しますので、必ず証拠が残り、手続上安心です。しかも、地代や家賃などの賃料収入は、贈与による移転の後、その土地や建物をもらった人の収入になります。現金をそのまま持っていても何も生みませんが、収益を生む土地や建物の場合は、それ以後の収入が無税でこれらをもらった人に移転することになり、あたかも贈与税なしに毎年贈与しているような状態になるわけです。

不動産の評価は現金より非常に低い

　贈与税や相続税の計算の場合、土地は通常の取引価額（時価）ではなく、国税庁の定めた評価方法（路線価方式又は倍率方式）により評価されます。このような評価額は、一般的に公示価格（国が公表する前年度基準の取引価格）の80％程度とされています。建物の評価額も、通常の取引金額ではなく、国税庁の定める相続税評価額（固定資産税評価額）となり、建築価額の60％程度になることが多いようです。

　このほか、貸宅地、貸家建付地などについては、さらに評価の引下げができます。

現金贈与と不動産贈与の費用比較

　現金の贈与は登記する必要もなく、登記にかかる税金や司法書士への報酬もいりません。不動産の贈与はこれらの費用がかかるため、手数料負担がかさみます。次の事例でその費用を比較してみましょう。

●事例

土地（相続税評価額：110万円、固定資産税評価額：90万円）の贈与

・登録免許税　　90万円 × 2%　　　　＝ 1万8,000円
・不動産取得税　90万円 × 1/2 × 3% ＝ 1万3,500円
合計3万1,500円 × 10年 ＝ **31万5,000円**

　現金110万円を毎年贈与し続けて10年経過したときにかかる費用はゼロです。これを相続税評価額110万円の土地を贈与すると、不動産の登記を贈与した人の名義から贈与を受けた人の名義に変更する必要があり、相続税評価額110万円の土地の固定資産税評価額が90万円だとすると、登録免許税と不動産取得税だけで3万1,500円かかります。同じように110万円の現金を10年間贈与しても費用はかかりませんが、土地を10年間110万円贈与すると費用が31万5,000円かかることになります。その上、契約書の印紙税や司法書士費用等もかかります。

相続に比べると、贈与は費用が高い

　不動産を贈与すると不動産登記費用や登録免許税、不動産取得税などが、相続で名義を変更するときに比べ余分にかかります。相続による土地の登記の際の登録免許税は贈与のときの5分の1以下ですし、不動産取得税はかかりません。したがって、遺言書を作成して相続や遺贈をする場合は、贈与に比べると諸税金が非常に安くなります。十分にこれらを考慮した上で、不動産の贈与は考えてください。

自宅の生前贈与は要注意

　相続税の最高の節税ポイントである「小規模宅地等の特例」は相続税の評価の特例ですので、宅地を贈与する時の評価の際には適用できません。

　例えば、自宅の敷地を子や孫に贈与してしまうと、80％の評価減が適用できる特定居住用宅地等の特例を受けることができなくなります。このような場合には、自宅以外の土地や建物などの贈与を選択したほうがよいでしょう。

●事例

> 土地（相続税評価額：2,500万円、固定資産税評価額：2,200万円）
>
> 〔贈与の場合〕
>
> ・登録免許税　　　2,200万円×2%　　　　＝44万円
>
> ・不動産取得税　　2,200万円×1/2×3%＝33万円
>
> 　　合計　　　　　　　　　　　　　**77万円**
>
> 〔相続人への相続・遺贈の場合〕
>
> ・登録免許税　　　2,200万円×0.4%　　＝8万8,000円
>
> ・不動産取得税　　　　　　　　　　　　　　0円
>
> 　　合計　　　　　　　　　　　**8万8,000円**

02

値上がりする不動産を
贈与するのがポイント

相続税対策として生前贈与を考える場合、相続時より贈与で
取得する時点の評価額のほうが低いことが重要なポイントです。
よって、不動産の贈与の場合、資産の将来性を見通して、
値上がりが予想できるものも最適です。

将来の価値を考えて、評価が上がる前に贈与

　土地の相続税評価額は、上昇する地域と下落する地域に二極化しています。東京などの都心部の土地所有者の方々の中には、相続発生までに土地の価格の上昇を予期し、相続時精算課税制度を選択してでも土地の贈与を考える方もいらっしゃることでしょう。

　土地の贈与は、地価上昇局面においては地価が上がる前にできるだけ早く、地価下落局面においてはできるだけ下がりきってから実行するのが、税効果を考えた贈与の鉄則です。現在のような、先行き不透明な時代においては、今後の区画整理や都市開発事業等によって確実に値上がりすると思われる土地こそが、賢い贈与の対象といえるでしょう。

第5章　不動産贈与の実践ノウハウ

区画整理事業が予定されている土地の贈与

　区画整理をする前の土地は、一般的に道路付きや土地の形状が悪く、かつ道路面と大きな段差があるなど、土地価格が低いため当然相続税評価額も低くなっています。この地域に区画整理事業等があった場合、形状のよい利便性の高い土地に変身することが多く、その場合、時価も相続税評価額も高くなります。

　このような事例では、区画整理前の相続税評価額の低いうちに、子や孫に思い切って土地を贈与してはいかがでしょうか？　区画整理前なら土地の相続税評価額が低いままですので贈与税の負担も軽くてすむにもかかわらず、区画整理が完了すれば価値の高い土地となりますので、もらった者にとっては自由に活用や売却ができる価値ある土地を軽い税負担で手に入れることになるからです。

区画整理後の土地活用は効果が高い

　区画整理後の土地の場合、基盤整備がほぼすんでいるため、例えば土地の一部を売却し、数区画を定期借地権で賃貸して安定収入を確保する方法などを選択することもできます。売却代金や定期借地権の保証金を原資として賃貸住宅経営と組み合わせるなどを行えば、結果として相続税額が減少し安全で借入リスクもありませんので、節税効果の高い方法となります。

都市計画の変更が予想される土地の贈与

　農地から宅地への変更に大きな制限のある「市街化調整区域」から、規制が外れて届出だけで農地から宅地への変更ができる「市街化区域」へ編入されると、土地を農業以外に自由に活用できる反面、その土地の地価にも影響を与えることになり、当然、相続税評価額も大幅に引き上げられることになります。

　このように、将来都市計画の変更があるかもしれないと予想される農地については、現在の相続税評価が安いうちに贈与税を払ってでも贈与しておきます。ただし、農地の贈与については農地法の規制があり、誰にでも贈与できるわけではありません。将来市街化区域に編入された場合、もらった人にとっては土地としての価値が上がり有効活用も可能になります。

　なお、売却するにしても、贈与された時の評価額と実際の売却時価との差額は無税で贈与されたことになります。もっとも、売却した時の譲渡所得税は通常どおりにかかりますが、これは贈与せずとも同じことですので、不利になるわけではありません。

将来性が期待大なら、思いきって土地の贈与

　将来値上がりすると予想できる不動産の１つとして、大型商業施設の誘致や新駅の開発などが考えられます。これらの事業が確実に実行されるならば不動産の値上がりが期待できますが、思わぬハプニングによる値下がりも考えられます。親子で熟考の上、"将来性大"である不動産を贈与するのも１つの方法でしょう。

　土地の評価が上がる前に思い切ってドーンと贈与した場合に負担すべき贈与税額が重すぎる場合には、相続時精算課税制度を選択するのもよいでしょう。なぜなら、基礎控除後の贈与時の価額で相続時に精算されるのですから、贈与後にその土地が開発等により上昇しても、相続税が増える心配がいらないからです。地域の将来性をじっくり検討し、どうすべきか考えてみるのも不動産所有者の相続を考える第一歩といえるでしょう。

●調整区域が市街化区域に編入された事例

	調整区域	市街化区域
基準評価額	79,200円	207,000円
乗ずる倍率又は地積	172倍	600㎡
土地の相続税評価額	13,622,400円	124,200,000円

約1億1,000万円の差額に!

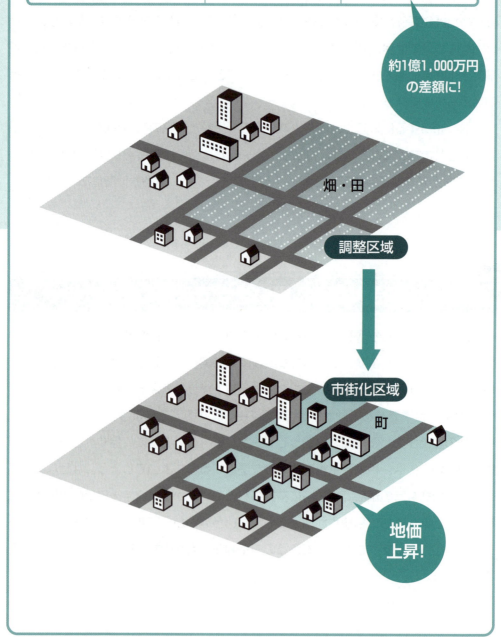

調整区域

市街化区域

地価上昇!

03

不動産を有利な所有形態に直す贈与

所有地に家族所有の賃貸住宅が建っている場合、
使用貸借ならば相続税は自用地として評価しなければならず、
土地所有者自身が建てた場合より評価上不利になります。
この場合は、賃貸建物の所有者を変更するなどの方法があります。

建物を贈与又は譲渡する

　親所有の土地に子や孫などの家族が賃貸物件を建てて所有している場合には、通常は権利金の授受もされておらず、地代の支払いもないため「使用貸借」となり、土地は貸家建付地でなく自用地として評価されることになります。そこで、評価を引き下げる方法として、賃貸物件である建物を親に譲渡あるいは贈与することを検討します。

　つまり、土地を自用地から貸家建付地に変身させ、相続税評価額の引下げをしようというわけです。親の資金が潤沢にあれば、贈与ではなく建物を時価で譲渡するとよいでしょう。親子や夫婦であっても、時価以外で建物を売買した場合には余分な贈与税がかかることがあります。また、このときに時価と建物の残存価額との差額に益が生ずれば譲渡所得税が課税され、損が生ずれば譲渡損として切り捨てになることもありますので、留意する必要があります。

● 不動産を有利な名義に直す贈与

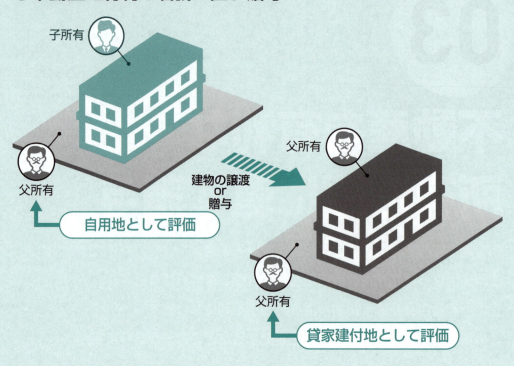

収入増加によるデメリットと評価引下げ効果

　土地所有者に建物を贈与したり譲渡したりすると、それ以降は収入が土地所有者に移転してしまいますので、その分収益が相続財産として積み上がっていくことになります。そのデメリットと、土地が貸家建付地になる評価引下げ効果によるメリットとの比較によって、実行するかどうかの判断をする必要があります。

　このときに考慮すべき事項は次のようなことです。

①不動産所有者の年齢や健康状態から、近い将来に相続開始が想定されるかどうか。相続開始が想定されるときには贈与や譲渡を実行するかどうかは熟慮を要する。
②相続開始までに長期間を想定できるときには、金融資産の贈与や他の対策と組み合わせることによって、収入増加のデメリットを相殺できるかどうかを検討する。
③赤字会社がある場合には、会社に建物を贈与するのも1つの方法である。
④同族会社に建物を売却すれば、収入を分散する効果を得ることができる。

　相続開始までに長期間が予想されるときは、同族会社に売却する方法を検討することがよいのではないでしょうか。

共有持分の交換による解決

　贈与とは関係ありませんが、以前の相続の時に土地を兄弟などの共有名義にしていて、売却するにも有効活用するにも困っているということがよくあります。この解決には土地の交換を活用するとよいでしょう。

　交換といっても、税務上は原則として譲渡となり、所得税が課税されます。しかし一定の条件を満たせば、交換の特例として譲渡時に無税で所有者を換えることが可能です。

　この場合、次のような点に留意する必要があります。

①交換する土地の時価がおおむね同じ（差額が高い方の20％以内）であること。
②時価が同じにならないときには、同じになるように持分で調整し、一方の名義が一部分残ってもそのまま残しておく。
③交換にも登録免許税や不動産取得税などの費用が相当かかる。
④交換の特例の適用を受けるためには確定申告が必要である。

共有物の分割

　上記のような場合に、いくつも土地があればよいのですが、共有地が1つのときには、その土地を分割するしかないこともあります。

　分割して単独で活用できる場合には、共有物を持分に応ずる時価になるように分割登記する方法があります。時価算定、測量、分割登記等のコストがかかりますが、近い将来売却して金銭で分配することがないのであれば、後々のトラブル防止として早めに分割するとよいでしょう。

　単純に面積割りをしたりすると、時価との兼合いで贈与とみなされる部分が生じることもありますので、専門家に相談して実行したいものです。

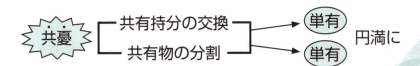

04

収益建物の贈与は 税金効果が高い

高収益の賃貸建物の親族への贈与は、
相続税や所得税対策として効果が大きい対策です。
ただし、贈与税の負担や敷金等について注意すべき点が
多くありますので、実行には細心の注意が必要です。

高額所得者の所得税対策に効果あり

収益物件を長期間にわたり所有している場合、減価償却費や支払利息が減少し、反対に借入元本の返済や資本的支出が増加するため、見かけの課税所得が増大し、結果として所得税等が増えることになります。高額所得者にとってはキャッシュフローが非常に悪くなることも考えられ、家賃収入が減少すれば困ることにもなりかねません。

そこで、収益物件を家族に贈与します。すると、その後の不動産収益が家族に移り、高額所得者にとってはその分所得が減りますので、毎年かかってくる所得税・住民税が少なくなります。所得税・住民税の税率は、課税所得1,800万円超4,000万円以下の部分については合計50%（課税所得4,000万円超については合計55%）となっており、この税率に該当する人が年間所得300万円の物件を贈与すると、所得税額等が150万円減少します。

一方、贈与を受けた家族の所得税・住民税の税率の合計が20%とすると、60万円の負担ですむことになり、大変な節税効果といえます。

●贈与による所得税対策の効果

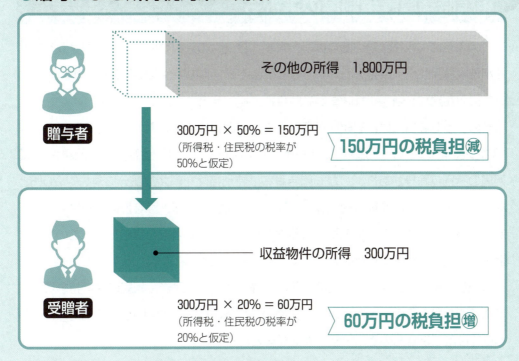

将来の収入を贈与する効果がある

　好立地の土地を活用すれば、当然高収入が入ってきます。土地所有者自身が所有地に賃貸物件を建設し、収入を得て貯めていけば相続財産を増やすことになり、かつ、高額所得者の場合には、その収入に高い税率の所得税等もかかります。

　すでに他の所得もあり、賃貸収入を得ることでかえって相続財産や課税所得が増える方は、思いきって高収益の賃貸建物を贈与してはいかがでしょうか。その後の賃貸収益はその建物の贈与を受けた人のものになりますから、結果として将来にわたる収益を無税で贈与したことになります。まさに、年金のプレゼントといえます。

相続時精算課税制度の選択も

　このように、収益建物の贈与は、所得税・住民税の節税効果と、相続財産が増加して相続税負担が増す原因を回避することによるダブルの節税効果があります。しかし、一気に収益建物を贈与すれば高額な贈与税負担が予想されます。

　そのような場合には、相続時精算課税制度を選択するのも1つの方法でしょう。なぜならば、相続時精算課税制度には毎年の基礎控除110万円を控除後、合計額2,500万円の特別控除枠があり、しかも贈与税率は特別控除を超えた部分に対して20%となっていますので、暦年課税制度の累進税率と比較すれば、贈与税の負担は少なくてすむからです。よって、相続税がある程度かかり一気に贈与を望むなら、この制度を活用した収益建物の贈与が有利になることが多いと思われます。

　しかし、相続時精算課税制度は毎年の基礎控除部分を除き、相続の際に持ち戻されて相続税がかかるのですから、特に評価の下がる建物等は本質的な相続税対策になるわけではありませんので、慎重な判断が必要とされます。

借入金があると困難な場合もある

　貸家を家族に贈与すると、建物は借家権を控除できますので、低い評価額で贈与することができます。しかし、建物を借入金で建て借入金残高がある場合には、贈与しようとしても借入先の協力を得られず、困難なこともあります。

　贈与税の負担を軽くするためには、少なくとも10年以上経過している賃貸建物で、相続税評価額が低い割には収入が多い物件がよいといえます。なお、贈与に当たっては預かり敷金の引継ぎを考慮する必要があることや、将来にわたって土地が貸家建付地として評価されるかどうかなど、実行する時には注意すべき点がありますので、専門家と十分相談してください。また、書類上の贈与だけで贈与の登記をしない人が見受けられますが、贈与を立証するためには、登記名義人の変更をしておくとよいでしょう。

負担付贈与の課税関係には要注意

建物を建てた時の借入金が残っていて、その債務まで含めて贈与するような場合、これを「負担付贈与」といいます。負担付贈与の場合には、通常より低額で譲渡した場合と同様、相続税評価額ではなく通常の取引価額で評価することになっています。

なお、この場合には、その贈与によって取得した財産の通常の取引価額からその負担額を控除した価額に対して贈与税がかかりますので節税メリットはありません。また、負担付贈与とみなされた場合には、財産をあげた人は引き継いでもらった負債の金額で、その財産を売ったことになりますので、その負債の額より取得価額が小さい場合には、譲渡所得税がかかります。たとえ譲渡損失が発生したとしても、所得税の計算上、他の譲渡所得と損益通算できないことにも、ご留意ください。

●負担付贈与の課税関係

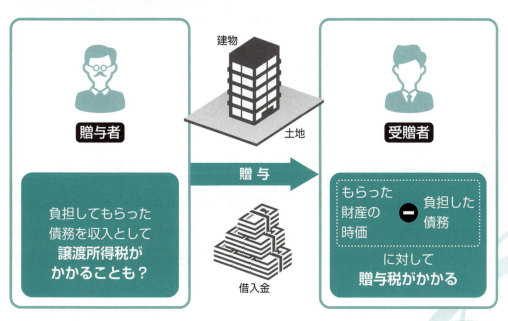

05 収益建物を上手に贈与する注意点

親の所有している賃貸建物を子に贈与した場合において、
親の土地に子の賃貸建物があることになりますが、
一定の要件のもと土地の評価は上がりません。
賃貸物件の贈与の成功には細心の注意が必要とされます。

使用貸借の土地は自用地評価

　親子の間で地代の支払いをしないで土地の貸し借りをしても、使用貸借として税務上、借地権について贈与税の課税がされるようなことはありません。しかしこの場合、土地の所有者が建物を所有していませんので、その土地は貸家建付地ではなく自用地となり、何の評価減額もありません。

賃貸物件を贈与しても貸家建付地評価のまま

　賃貸物件の敷地については、贈与した時点では賃貸借契約の存在している建物の敷地でしたので、権利関係が残っているとされ、自用地とはならず貸家建付地として評価され続けます。建物については、現預金のまま所有していた場合と比較し、賃貸物件として評価を下げて贈与できる上、相続が発生した場合でも、その敷地についても貸家建付地として相続税法上のメリットを享受できるということになります。

賃借人が入れ替わった場合の注意点

　ただし、贈与後借家人が退去して、新たな借家人が贈与を受けた人と賃貸借契約を結んだ場合、土地所有者本人と新借家人とはなんら権利関係がないため、その貸家に係る部分の敷地（集合住宅の場合は全体の床面積に占める割合で敷地をあん分）については土地所有者本人と受贈者の使用貸借契約となり、自用地として評価されます。したがって、建物の贈与後借家人が代わるたびに、歯が抜けていくように土地が自用地として評価されていきます。

　ただし、建物を贈与した時点における借家人が変わらない限り、その土地は貸家建付地として評価できます。企業への一括貸しや一括借上げ制度、あるいは解約不可を特約条項にした定期借家契約を締結するなど、借家人が変わらない方法をとることができれば、相続税対策において、土地について評価減を確保できるといえるでしょう。

賃貸建物の敷金についても整理が必要

　賃貸建物を贈与する時には、借家人から預かっている敷金（保証金）をどうするかの問題があります。建物を贈与するとその建物に入居している借家人から預かっている敷金については、借家人が退去する時に受贈者である新しい家主が返還する義務を負います。よって、受贈者は建物贈与とともに預り敷金という債務を引き継ぐ「負担付贈与」といえるでしょう。

　負担付贈与の場合、課税上は時価で贈与したとみなされ、相続税評価額とのかい離が適用されないため、贈与としては有利な方法とはいえません。負担付贈与と認定されないよう、賃貸建物の贈与の時には、借家人から預かっている敷金に相当する現金を建物とともに受贈者に渡す、敷金の引継ぎがない旨の覚書きを交わす等を実行しておくことが必要でしょう。

第5章　不動産贈与の実践ノウハウ

●賃貸物件の贈与事例

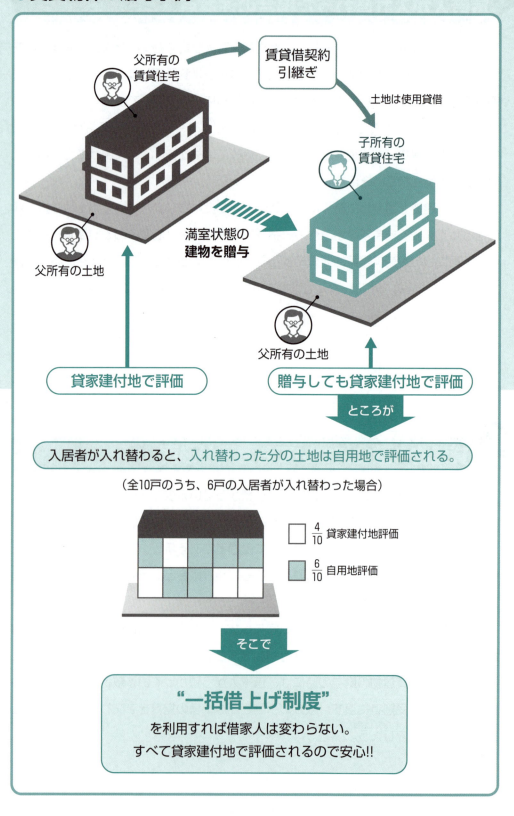

修繕もきっちりして贈与するのがポイント

　借入金のない賃貸建物を贈与しようとして、古い貸家を贈与したケースで、贈与したあとすぐに大規模な修繕を行う必要が生じ、収入以上に大きな出費となり収入移転対策としては意味がなくなった事例もあります。贈与するならば、修繕のしっかり完了した、優良な借家人のいる付加価値の高い賃貸建物を贈与するのが重要です。

アドバイス

　建物を贈与すると、登記の時に登録免許税と司法書士費用、その数か月後に納税通知の来る不動産取得税などの費用がかかります。その費用は少なくありませんので留意する必要があります。

　よって、所得税・住民税の節税効果と将来相続財産に加算される予定だったものを外せることによる相続税の節税効果の合計額とこれらの費用とを比較して、実行するかどうかを判断する必要があります。

　ただし、贈与してから何年後に相続が発生するかは分かりませんので、あくまで判断するための目安としてください。

第5章　不動産贈与の実践ノウハウ

06 配偶者へのマイホームのプレゼント

長年連れ添った夫婦間では、マイホームをプレゼントしても
2,000万円までであれば贈与税がかかりません。
細かい要件があるのできちんと確認するとともに、
現金と不動産のどちらがよいか慎重な検討が必要です。

婚姻期間20年以上の夫婦間での自宅贈与

　たとえ夫婦であったとしても、通常必要な生活資金以外の贈与があった場合には贈与税が課されるのが原則です。しかし、配偶者の老後の生活を保障するために、自宅ぐらい生前にプレゼントしておきたいと思うのも人情でしょう。そこで、一定の条件を満たす自宅の贈与については、贈与税の配偶者控除という特典があります。

　婚姻期間が20年以上である配偶者から、居住用不動産（マイホーム）又は居住用不動産を取得するための現金の贈与を受けた場合には、贈与税の課税価格から基礎控除後に、配偶者特別控除額として2,000万円を控除することができます。なお、この特例は、同じ配偶者からは一生に1回しか受けられません。

　また、民法改正により、令和元年7月1日以降にされた婚姻期間20年以上の夫婦間の居住用不動産の贈与については、遺産分割において「特別受益の持戻し免除の意思表示」があったものと推定されることになり、さらに配偶者にとって有利になっています。

居住用不動産又はその取得資金のいずれか！

　土地や建物そのものを贈与すると、その時点の相続税評価額で課税されます。土地や建物の時価は相続税評価額より高いことが多いため、通常は現金で贈与するより有利となります。ただし、贈与により土地や建物の所有者が変わることになりますから、登録免許税等の不動産の取得にかかる諸経費がもう一度余分にかかることにご留意ください。なお、居住用の不動産が配偶者控除額を超えるような場合には、持分で贈与するとよいでしょう。土地か建物のどちらがよいか悩む人も多いのですが、将来のいろいろな税制上の特典を考えると、土地を中心に建物もいく分かは贈与しておくとよいでしょう。

アドバイス

　贈与税の基礎控除も同時に受けることができますので、実質的に2,110万円まで無税で贈与できます。

　婚姻期間が20年以上であるかどうかは、婚姻の届出のあった日から贈与の日までの期間（入籍期間）で計算します。したがって、事実上の夫婦であっても、入籍がない場合は期間に含められません。

居住用の家屋又はその敷地

もっぱら居住の用に供するものに限られます。

居住用家屋の敷地だけの贈与

その家屋の所有者が贈与者である配偶者（妻が贈与を受けた場合にはその夫）又は受贈配偶者と同居するその者の親族（子供など）である場合に限られます。

居住用不動産の取得資金の贈与

金銭で、左記の①、②の居住用不動産を取得した場合に限られます。

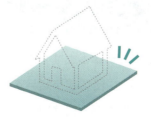

相続開始前7年以内の贈与加算の対象外

　配偶者は相続時精算課税制度による贈与は選択できませんので、暦年課税によることになります。また、贈与してから7年（令和5年末までは3年）以内に相続が発生すると、その贈与財産は相続税の課税財産に加算され、相続税が課税されます。しかし、贈与税の配偶者控除の特例は、この7年以内の加算の適用対象外となっています。

　したがって、贈与財産のうち2,000万円までは、贈与税も相続税も全く課税されることなく配偶者に渡せるわけです。相続税対策の効果が得られる上、直前対策にもなりますので、長年連れ添った配偶者への贈り物としては最適でしょう。ただし、特定居住用宅地等の特例の適用を受ける宅地がなくなってしまうことや相続税の総額が増加してしまうこともありますので、よく検討した上で実行してください。

譲渡した場合に有利になることも

　この特例の適用を受けた後、将来何らかの事情でその住宅とその敷地を売却せざるを得ないようになったときに、建物の名義が夫婦2人であれば（割合は問わない）、居住用財産にかかる譲渡所得の特例である3,000万円控除が2人分適用できることになります（3,000万円特別控除の適用要件は別途必要）。

　この特例適用を受けることができるのは建物の所有者ですから、いつか売却する可能性がある場合には、土地だけでなく必ず建物も贈与してください。

居住用以外に利用しているときは要注意

　居住用不動産を贈与する場合に、一筆の土地を居住用と青空駐車場や貸倉庫などの居住用以外の用途に利用していると、そのまま贈与すると問題が生じます。この特例は居住用不動産やその取得資金の贈与のみに適用があるからです。一度分筆をする等の工夫が必要ですので、実行する場合には必ず税理士に相談しましょう。

07

子のマイホーム取得を
支援する賢い方法

子が住宅を取得するために資金援助する場合、
住宅取得等資金贈与の非課税枠が最適です。
相続税のかかる親子は親が家屋の持分を取得する、
収益不動産を贈与するなどの方法を活用するとより効果が大きくなります。

住宅取得等資金贈与の非課税特例の概要

　18歳以上の成人が、父母や祖父母など直系尊属から贈与により、自己の居住の用に供する住宅用の家屋を新築、取得又は増改築等の対価に充てるための資金を取得した場合、一定の要件を満たすときは次の限度額まで贈与税が非課税となります。適用期限は令和6年1月1日から令和8年12月31日までの贈与とされています。

　非課税限度額は、居住用住宅の取得等に係る契約の締結時期にかかわらず、省エネ（ZEH基準）・耐震・バリアフリー住宅については1,000万円、それ以外の住宅については500万円となっています。

　適用対象となる既存住宅用家屋の要件について、築年数にかかわらず、新耐震基準に適合している住宅用家屋（登記簿上の建築日付が昭和57年1月1日以降の家屋は、新耐震基準に適合している住宅用家屋とみなす）であれば適用を受けることができます。

特例適用を受ける場合の注意点

　この非課税特例は、直系尊属からの住宅取得等資金贈与に適用があり、父母、祖父母はもちろん、曾祖父母からの住宅取得等資金贈与も対象となっています。ただし、贈与を受けた年の合計所得金額が 2,000 万円以下の受贈者に限定されています。

　また、贈与を受けた資金の全額について贈与を受けた年の翌年 3 月 15 日までに、一定の要件を満たしている住宅の取得や増改築等の資金に充て、かつ、その住宅に居住することが必要です。3 月 15 日までに完成していない場合で一定の状態まで建築が進んでいる場合や、その他の事由で居住していない場合で遅滞なく（その年の 12 月 31 日まで）居住することが確実であると見込まれるときには適用が認められます。

　適用床面積要件は 50㎡以上 240㎡以下となっていますが、合計所得金額が 1,000 万円以下の者に限り 40㎡以上 240㎡以下とされています。

●住宅取得等資金贈与の非課税特例の主な要件

贈与者	親・祖父母など（直系尊属）
受贈者	贈与年1月1日現在で18歳以上の子・孫など（直系卑属）
所得制限	受贈者の合計所得金額が2,000万円以下（一定の場合は1,000万円以下）
適用対象	新築住宅・既存住宅（敷地含む）、増改築等 （注）　贈与年の翌年3月15日までに住宅取得等資金の全額を充てて新築等をすること
床面積要件	床面積が50㎡以上240㎡以下（合計所得金額1,000万円以下の者については40㎡以上240㎡以下）で、かつ、その家屋の床面積の2分の1以上が受贈者の居住用であること
居住等要件	贈与を受けた年の翌年3月15日までにその家屋に居住すること又は同日後遅滞なくその家屋に居住することが確実であると見込まれること（一定の弾力化措置あり）
申告要件	贈与年の翌年3月15日までに贈与税の申告書に戸籍謄本など一定の書類を添付して税務署に提出

多額の贈与は相続時精算課税の選択も

　せっかく子や孫がマイホームを建てようとしているのですから、資金にゆとりのある親や祖父母なら資金援助をしてやりたいと思うのが人情でしょう。住宅取得等資金贈与の非課税枠は税金が一切かからず、7年以内に相続が発生しても相続時に持ち戻しもないのですから、ぜひ活用されることをお勧めします。

　この非課税枠を超えて多額に贈与したい場合には、相続時精算課税による住宅取得等資金贈与なら親や祖父母が60歳未満であっても、贈与者の年齢にかかわらず、18歳以上の子や孫なら110万円（基礎控除額）＋2,500万円まで無税で贈与できます。

相続税がかかるなら家屋を贈与

　相続税がかかることが予想できるなら、将来の相続税を減少させる一ひねりした次の方法で贈与してはいかがでしょうか？

　現金の相続税評価は100％そのままですが、家屋なら相続税の評価は固定資産税評価額となり、建築資金の60％くらいの評価となります。相続税のかかる直系血族なら、住宅取得等資金贈与の非課税枠を超える現金を贈与した場合、建築した家や購入したマンションそのものの持分を親・祖父母が取得しておき、その後に相続や贈与により取得する方が有利になります。

収益物件贈与と住宅ローンの組み合わせ

　新築の賃貸住宅なら土地は貸家建付地、家屋は貸家評価となりますので、購入価格の50%〜40%以下ということもあります。よって、現金贈与するのではなく、相続税評価の低い収益物件を贈与して、その収入から子が住宅ローンを返済すれば、住宅そのものの贈与より、もっと相続税の節税効果が大きくなります。贈与税の負担が重ければ、数年に分けて暦年課税で贈与する、あるいは相続時精算課税を選択するとよいでしょう。

　この方法を選択した場合、マイホームについては、直系尊属からの住宅取得等資金贈与の非課税枠分を頭金にし、不足部分を子自身で住宅ローンを借り入れ、自分の名義で取得することになります。

　また、夫婦間で頭金負担や住宅ローンを連帯して返済するなどの方法により、マイホームを共有にすることも考えられます。特にローンの負担割合や名義の共有割合により、住宅ローン控除を受けることのできる金額は変わりますので、それらの効果を検討してからそれぞれの割合を決めてください。

収益物件の賃貸収入で住宅ローンを返済

　子の資金繰りとしては自分自身の住宅ローンの返済を、親からの贈与により取得した収益不動産の家賃収入から返済することになります。しかし、課税上は収益不動産の贈与と住宅ローンとは何の関係もありません。

　親からみれば子のマイホーム取得資金を援助する金額と同じ額を贈与したのにもかかわらず、相続時に加算される贈与財産の課税価格は大きく違います。また、20〜30年経過して住宅ローンの返済が終了したとしても、収益不動産の場合には賃借人がいる限り収入は入ってくるのです。

　このように一工夫すれば、直系尊属からの住宅取得等資金贈与の非課税特例のみならず、将来の相続税の節税にもなる大型の資金贈与ができるのです。

第6章

小規模宅地等の特例の
活用テクニック

01

小規模宅地等の特例の適用の可否

被相続人の所有土地の評価額から最大400㎡について
80%評価減される相続税の「小規模宅地等の特例」があります。
事業用等宅地等、居住用宅地等及び貸付事業用宅地等があり、
限度面積や適用要件が異なります。

特例の適用面積

　被相続人が所有していた土地について、特定事業用等宅地等については400㎡を
上限に、その評価額の80%が減額される相続税の特例があります。特定居住用宅地
等については330㎡を上限に、その評価額の80%が減額されます。賃貸事業に供
されている貸付事業用宅地等については200㎡を上限に、その評価額の50%が減
額されます。これらを「小規模宅地等の特例」といいます。

適用最大面積は 730m²

　特定事業用等宅地等と特定居住用宅地等のみを特例の対象として選択する場合につ
いては、限度面積の調整は行わず、特定事業用等宅地等400㎡と、特定居住用宅地
等330㎡の合計730㎡まで適用が可能となっています。ただし、貸付事業用宅地等
を選択する場合については、調整計算を行わなければなりません。

●小規模宅地等の適用関係

宅地等		限度面積	減額割合
事業用	特定事業用等	400㎡	80%
	貸付事業用	200㎡	50%
居住用	特定居住用	330㎡	80%

●特定居住用と特定事業用の完全併用

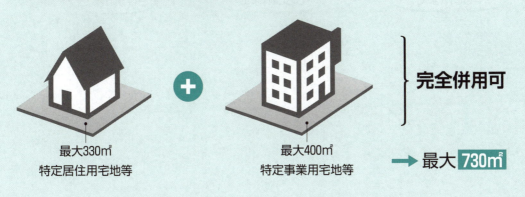

①	選択特例対象宅地等が特定事業用等宅地等である場合	その選択特例対象宅地等の面積の合計が400㎡以下であること →80%減額
②	選択特例対象宅地等が特定居住用宅地等である場合	その選択特例対象宅地等の面積の合計が330㎡以下であること →80%減額
③	選択特例対象宅地等が貸付事業用宅地等である場合	その選択特例対象宅地等の面積の合計が200㎡以下であること →50%減額

ただし、①及び②と③を併用する場合には、適用対象面積については162ページの算式により調整計算を行います。

貸付事業用宅地等がある場合の面積調整

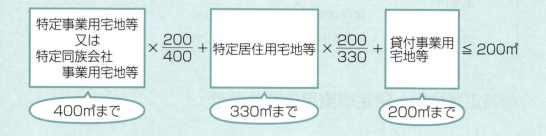

同居相続人が相続した場合とその他の場合

　右の例のように、被相続人の財産総額2億円（自宅敷地を含む）、配偶者が先に死亡しており子である相続人が2人、自宅が330㎡で評価額1億円の敷地を同居していた相続人が相続で取得した場合の相続税額は、1,160万円になります。

　ところが、相続人が誰も被相続人と同居しておらず、自己所有のマンションに居住していた相続人が取得した場合には、特定居住用宅地等の適用対象にならず、相続税額はなんと3,340万円にもなります。

　小規模宅地等の特例の適用を受けることができるか否かで大変な相続税負担の差になるわけです。この場合、相続人が相続開始までにマンションを売却し、被相続人と同居し、相続税の申告期限まで居住を継続していれば特例を適用できることになります。

小規模宅地等の特例の適用がある場合

[相続財産の課税価格]

1億円 ×（1 − 80%）＋ 1億円 ＝ 1億2,000万円

① 基礎控除後の金額

　1億2,000万円 −（3,000万円 ＋ 600万円 × 2）

　＝ 7,800万円

② 法定相続分に応ずる金額

　7,800万円 ÷ 2 ＝ 3,900万円

③ 1人当たりの相続税額

　3,900万円 × 20% − 200万円 ＝ 580万円

④ 相続税の総額

　580万円 × 2 ＝ **1,160万円**

小規模宅地等の特例の適用がない場合

① 基礎控除後の金額

　2億円 −（3,000万円 ＋ 600万円 × 2）

　＝ 1億5,800万円

② 法定相続分に応ずる金額

　1億5,800万円 ÷ 2 ＝ 7,900万円

③ 1人当たりの相続税額

　7,900万円 × 30% − 700万円 ＝ 1,670万円

④ 相続税の総額

　1,670万円 × 2 ＝ **3,340万円**

差額は2,180万円！

02 被相続人が居住していた宅地等の適用要件

被相続人が居住していた宅地等について、
特定居住用宅地等の減額を配偶者は無条件に
受けることができますが、
同居親族等は一定の条件を満たす必要があります。

配偶者は常に無条件で適用できる

被相続人が居住していた家屋の敷地を配偶者が相続した場合には、原則として相続税の申告期限までにその敷地を譲渡しても、居住の用に供さなくとも特定居住用宅地等となり、特例の適用ができます。建物を親族が建てており、被相続人が家賃を親族に支払っていた場合には適用対象となりませんのでご注意ください。

●配偶者が取得した場合

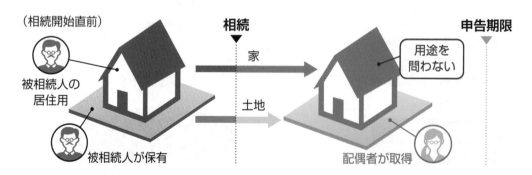

同居親族が取得した場合

相続開始直前に被相続人と同居している親族がその敷地を相続等した場合には、相続税の申告期限までその敷地を所有し、かつ、居住を継続していることが必要です。これらを満たしていれば、同居親族の場合、建物を親族が建てており、被相続人が家賃を親族に支払っていた場合を除いて適用要件を満たすことになります。

●同居親族が取得した場合

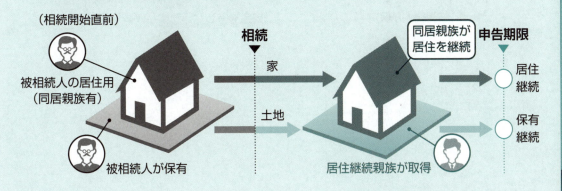

非同居親族が取得した場合

同居でない親族が被相続人の居住用宅地等を相続した場合でも、次の３つの要件を満たしていれば、相続税の申告期限まで継続して保有していた場合には適用対象となります。相続によって取得した者が居住しなければならないという要件はありません。この場合も建物を親族が建てており、被相続人が家賃を親族に支払っていた場合には適用対象となりませんのでご注意ください。

①	被相続人の配偶者又は相続開始直前において被相続人の居住の用に供されていた家屋に居住していた法定相続人（相続を放棄した人を含む）がいないこと
②	相続開始前３年以内に日本国内にある自己又はその配偶者、その者の３親等内の親族、一定の法人の所有する家屋（相続開始直前において被相続人の居住の用に供されていた家屋を除いて判定）に居住したことがないこと
③	相続開始時に、居住している家屋を所有したことがないこと

●非同居親族が取得した場合

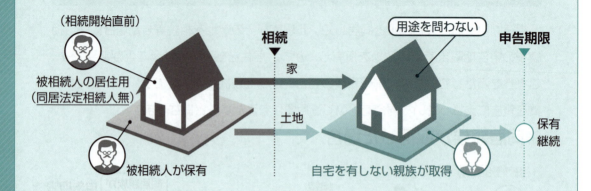

03 生計一親族の居住用宅地等

被相続人の居住用でなくても、被相続人と生計を一にする親族の居住用であれば、その敷地を配偶者が相続した場合又は、生計を一にしている親族が継続して居住・保有している場合に特例が適用されます。

被相続人が居住せずとも適用できる場合

被相続人が所有している敷地に、被相続人と生計を一にしている親族が居住している場合には、その敷地を配偶者が相続した場合においても特例の適用を受けることができます。

●配偶者が取得した場合

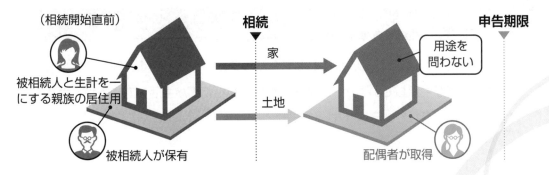

生計を一にする親族が取得

被相続人が所有している敷地に、被相続人と生計を一にしている親族が居住している場合には、生計を一にする親族がその敷地を取得し、相続税の申告期限まで居住及び保有を継続していれば、特例の適用対象となります。

● **生計を一にする親族が取得した場合**

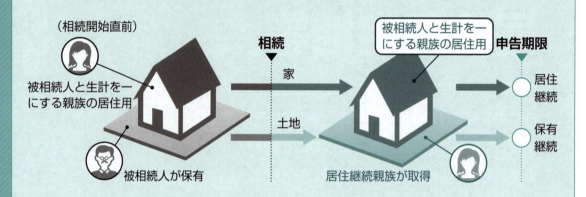

家賃や地代の授受があると適用対象外

生計を一にする親族が建物を所有している場合には、被相続人が地代を受け取っていないことが条件で、被相続人が建物を所有している場合には、家賃を受け取っていないことが特例の適用を受けることができる条件です。

生計を一にする親族とは

「生計を一にしている」ということは財布が1つということです。例えば、被相続人の資金で子が生活しているか、逆に子の資金で被相続人が生活しているか、両者の資金で両者が生活している場合をいいます。

04 配偶者の特例適用の有利不利

配偶者については、法定相続分又は１億6,000万円
のいずれか多いほうまで相続税がかかりません。
よって、２次相続税のことを考えると配偶者は
小規模宅地等の特例を受けない方がよいと思われます。

被相続人と同居していない場合

　相続人が被相続人と同居している例が少なくなってきています。同居していない相続人等が小規模宅地等の特例の適用を受けるには、被相続人の配偶者がすでにおらず、被相続人が一人暮らしをしていた場合に限られ、かつ、自己又はその配偶者、その者の３親等内の親族、一定の法人が所有する自宅に住んでいないことが条件です。

　結局のところ、子が小規模宅地等の特例の適用を受けるには、同居するか、配偶者がすでにおらず被相続人が一人暮らしをしており、子が３年以上借家に住んでいるか、生計一で被相続人所有宅地の上の家に住んでいることが必要です。

　これらの条件を満たすように対応するか、配偶者が相続して２次相続対策を別途考えるしかないわけです。

> **アドバイス**
>
> 　敷地が660㎡以上ある場合に、1次相続で2分の1ずつ配偶者と同居の相続人とが相続したとします。小規模宅地等の特例を配偶者は適用せず、同居の相続人が特例の適用を受けます。その後、2次相続で同居の相続人が配偶者から取得した2分の1の敷地部分について、特例の適用を受ければ全体の敷地で減額を受けることができます。

●1次相続・2次相続の小規模宅地等の特例

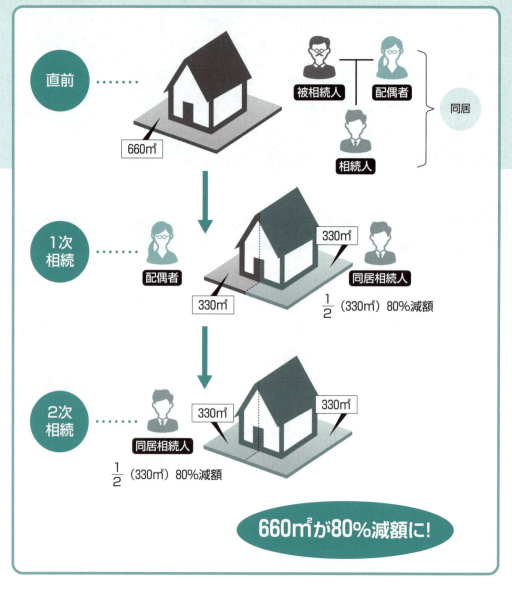

05

二世帯住宅は登記方法に注意

特定居住用宅地等の適用対象とする方法として

多く行われているのが「二世帯住宅」です。

ポイントは区分所有建物である登記をしているか否か。

区分所有建物登記をしていると、特例の適用上不利になることがあります。

二世帯住宅は原則同居扱い

　特定居住用宅地等の適用対象となるには、被相続人と同居していない場合には①配偶者及び同居法定相続人がいない、②相続開始前３年内に自己又はその配偶者、その者の３親等内の親族、一定の法人の所有家屋に居住したことがない、③相続開始時に、居住している家屋を所有したことがないという条件をクリアする必要があります。

　そこで、被相続人対象者の住んでいる古い家を取り壊して二世帯住宅に建て替えるという方法があります。二世帯住宅であれば生計が別であっても、被相続人及びその親族の居住していた部分に対応する敷地、つまり全体の宅地が特例の適用対象となるのです。

　ただし、区分所有建物登記をしていると、適用対象外となります。

第６章　小規模宅地等の特例の活用テクニック

●二世帯住宅の土地の例

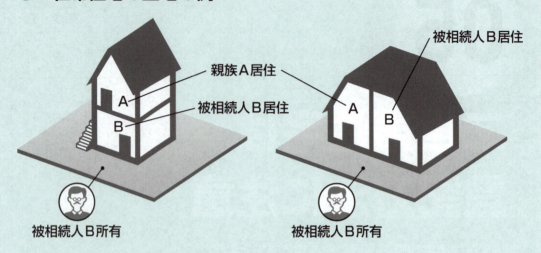

●建物所有者と登記関係による特例適用
（被相続人Ｂと親族Ａは生計一ではない、親族Ａが相続する場合）

建物所有者	居住者	登　記	特例適用
２戸とも 被相続人	A＝親族 B＝被相続人	区分所有ではない	A　○ B　○
A＝親族 B＝被相続人	A＝親族 B＝被相続人	共有	A　○ B　○
		区分所有	A　× B　△※

※　各々が区分所有登記をしている二世帯住宅の場合には、被相続人の居住していた部分を要件を満たす他の親族が取得した場合に限ります。

区分所有建物登記をしていると対象外

　親族Ａと被相続人Ｂは生計一ではありません。この場合は登記の仕方が問題になります。

　被相続人の単独登記又は、共有登記の場合には敷地全体が特定居住用宅地等として特例適用対象となります。区分所有建物登記がされていると、それぞれ別々の建物となり、親族であるＡの居住用部分については特例適用対象とはなりませんが、被相続人Ｂの居住用部分については要件を満たす他の親族が取得した場合に限り、特例適用対象となります。

06 老人ホーム等に 入居している場合

特定居住用宅地等は、原則として被相続人が
居住の用に供していた宅地です。相続開始時点では
老人ホーム等に入居しており、自宅には居住していない場合でも
一定要件を満たすと特例適用対象となります。

第6章 小規模宅地等の特例の活用テクニック

被相続人の居住の用に供されていない場合

　老人ホーム等に入所したことにより、被相続人の居住の用に供されなくなった家屋の敷地の用に供されていた宅地等でも、次の要件を満たす場合に限り、相続の開始の直前において被相続人の居住の用に供されていたものとして特例が適用されます。

①	相続開始直前において要支援・要介護又は障害支援区分の認定を受けていること
②	その家屋が事業の用（貸付け等を含む）の用途に供されていないこと
③	生計を一にしない親族等の居住の用に供されていないこと

173

対象となる施設は幅広い

対象となる入居施設は次のように非常に幅広く認められています。

・グループホーム	・介護老人保健施設
・養護老人ホーム	・介護医療院
・特別養護老人ホーム	・サービス付き高齢者向け住宅
・軽費老人ホーム	・障害者支援施設
・有料老人ホーム	・共同生活援助住宅

あくまでも賃貸等に限る

これらの入居施設に入る際には、所有権によって取得するものもあります。所有権によって取得した場合には、自らが取得した住宅であるため、従前居住していた建物の敷地は特定居住用宅地等とはなりません。ただし、終身利用権方式の有料老人ホーム等一部については所有権ではありませんので対象外となり、対象となる施設に含められます。

07 特定事業用等宅地等の適用対象

特定事業用等宅地等として400㎡まで80%
減額される対象は、被相続人の事業用又は
被相続人と生計を一にしていた親族の事業用の宅地等と
特定同族会社の事業用の宅地等があります。

被相続人の事業の用に供されていた宅地等

　被相続人がその宅地等の上で営んでいた事業について、相続税の申告期限までにその事業を継承し、かつ、その申告期限までその事業を営んでいるという事業承継要件を満たさなければなりません。もちろん、相続した宅地等を相続税の申告期限まで保有し続ける保有継続要件を満たすことも必要です。

生計を一にしていた親族の事業用宅地等

　被相続人が所有していた宅地等の上で、被相続人と生計を一にしていた親族が事業を行っていた場合には、その親族が相続開始前から相続税の申告期限まで、その宅地等の上で事業を営み、相続したその宅地等を相続税の申告期限まで保有していれば特定事業用宅地等として特例適用対象となります。

第6章 小規模宅地等の特例の活用テクニック

●特定事業用宅地等の要件

区分		特例の適用要件
被相続人の事業の用に供されていた宅地等	事業承継要件	その宅地等の上で営まれていた被相続人の事業を相続税の申告期限までに承継し、かつ、その申告期限までその事業を営んでいること
	保有継続要件	その宅地等を相続税の申告期限まで保有していること
被相続人と生計を一にしていた被相続人の親族の事業の用に供されていた宅地等	事業継続要件	相続開始前から相続税の申告期限まで、その宅地等の上で事業を営んでいること
	保有継続要件	その宅地等を相続税の申告期限まで有していること

3年縛りの規制に注意

相続開始前3年以内に事業の用に供された宅地等は、特定事業用宅地等から除外され、特例を適用することはできません。ただし、その宅地等の上で事業の用に供されている減価償却資産の価額が、その宅地等の相続時の価額の15％以上である場合には、除外されずに特例を適用することができます。

リタイア後に生計別の後継者が経営した場合

　生前に、高齢のために事業からリタイアし、生計を別にする後継者に事業を承継した場合にはどうなるのでしょう。

　この場合「被相続人の事業の用に供されていた宅地等」には該当しません。また、「生計を一にしていた被相続人の親族の事業の用に供されていた宅地等」にも該当しません。したがって、特定事業用宅地等の特例の適用ができないこととなります。被相続人が生前事業主として経営を続け、後継者は従業員として給与を受け取りながら事業に従事し、相続が発生した後に宅地等を相続して事業を承継すれば、特定事業用宅地等の特例の適用を受けることができます。

賃料授受の有無が特例適用の分かれ目

　被相続人が所有している土地等及び建物で被相続人が事業を行っている場合には、176ページの要件を満たしている限り特例の適用対象となります。しかし、生計を一にする親族が事業を行っている場合には、被相続人に対して家賃を支払っていると貸付事業用となるため、特例の適用対象となりません。あくまでも無償による使用に限って特定事業用宅地等として特例の適用対象となります。なお、固定資産税相当額の授受を行っている場合には、無償による使用とみなされます。

農業用倉庫用地

　農業を営んでいる被相続人が所有していた農業の用に供する施設用地及び農作業用地等の宅地については、特定事業用宅地等に該当します。しかし、温室その他の構築物の敷地が耕作の用に供されていると農地に該当しますので、特定事業用宅地等には該当しないことになります。

08

貸付事業用宅地等の
適用要件

被相続人又は被相続人と生計を一にする

親族の貸付事業の用に供されていた宅地等を

相続等により取得し、一定の条件を満たした場合には、

貸付事業用宅地等として200㎡まで50%減額されます。

被相続人の貸付事業用宅地等の場合

　被相続人が所有していた土地等が、不動産貸付業、駐車場業、自転車駐車場業及び事業と称するに至らない不動産の貸付その他これらに類する行為で相当の対価を得て継続的に行う準事業の用に供されていた場合には、一定の要件を満たすその被相続人の親族が相続又は遺贈により取得すると、特例の適用対象となります。

被相続人の貸付事業を相続開始後に承継

　被相続人の親族が、相続開始時から相続税の申告期限までの間にその宅地等にかかる被相続人の貸付事業を継承し、その貸付事業を承継した親族が、相続開始時から相続税の申告期限まで引き続きその宅地等を所有し、かつ、その貸付事業の用に供している場合には、特例の適用対象となります。

●被相続人の貸付事業を相続開始後に承継

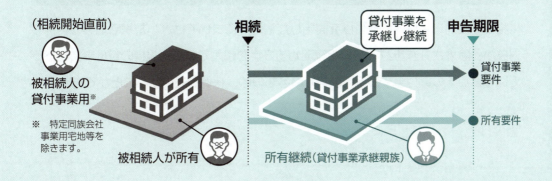

生計を一にする親族の貸付事業用宅地等

　被相続人と生計を一にする親族が、被相続人から相続又は遺贈により貸付事業用宅地等を取得し、相続開始前から相続税の申告期限まで引き続きその宅地等を自己の貸付事業の用に供し、かつ、所有している場合には特例の適用対象となります。

●生計を一にする親族の貸付事業用宅地等

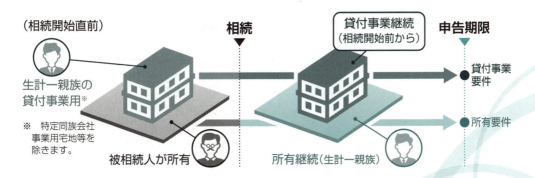

相続開始前3年以内に貸付けをした宅地等の場合

　相続開始前3年以内に貸付けを開始した宅地等については、小規模宅地等の特例の対象から除外されます。ただし、相続開始前3年を超えて事業的規模の貸付事業を行っている者がその貸付事業の用に供しているものは、特例を適用することができます。

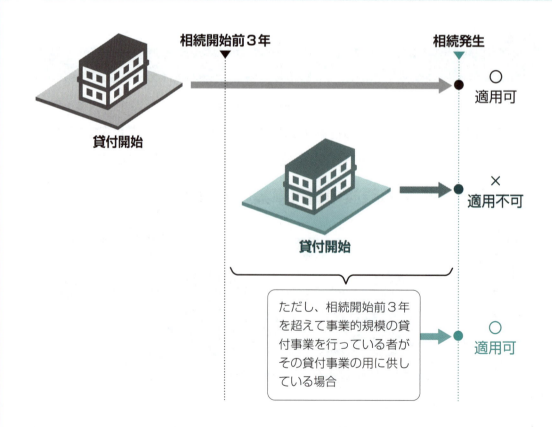

第7章

不動産保有会社活用のススメ

01

会社設立のメリットと注意点

不動産保有会社等を設立すると、相続税対策、
所得税対策としてのメリットがある一方で、設立費用、
社会保険加入による負担増、法人税の記帳・申告等の
煩雑な事務や費用など様々なコストがかかります。

相続税対策の最大のメリットは収入移転

　相続税対策としての会社設立の最大のメリットは、何といっても本来不動産所有者に入る収入が、家賃・地代又は管理料等として会社に入ることにより、個人財産の蓄積を防ぐことができることにあります。

　個人名義のまま不動産を所有し続けると、その収益はそのまま個人財産として蓄積され、相続税の課税対象となります。会社に不動産を移転すると、不動産所有者ではなく会社に財産が蓄積することになり、会社の株式という財産を考慮しない場合には、結果的に相続税を課税されずに納税資金を準備することができるのです。

会社に相続税はない

　さらに、不動産所有者の子や孫などが最初から出資する、又は相続までに会社の株式を子や孫などに移転しておけば、株式は不動産所有者の遺産ではなくなっていますので相続財産にはなりません。もちろん、その子や孫に株式を移転する際には、株式や出資の評価額に対して贈与税が課税されます。しかし、贈与税の負担を軽くすることは、時間をかければ土地や建物などより、容易かつ、少ない費用で実行することができます。

　よって、十分に時間がある場合には、不動産所有者が出資（場合によっては現物出資）し、その株式等の評価を下げたうえで贈与する方が、相続税対策上有利な方法といえるでしょう。

会社であっても株主の共有

　子が複数人いる場合に、不動産を共有で相続させると後々もめることになることを心配して、不動産を会社に移転すればこの悩みを解決できると思っていらっしゃる方がおられます。会社活用はこの悩みを完全に解決できるわけではありません。株主が複数いると会社は株主の共有という形なので、会社としての意思決定に際しては株主の過半数の賛成、自己株買いや増資等に関しては３分の２以上の賛成が必要であり、意見が異なり簡単にいろいろなことが実行できないのは、不動産の共有と同じなのです。

　例えば、複数の土地をそれぞれの子ごとに単独に相続させる予定の場合には、１つの会社で実行すると、かえって将来の争いの種を作ることになりかねません。このような場合には、それぞれの子ごとに会社を設立しておき、将来の意思決定を単独で行えるようにしておくことが大切です。

所得税対策としてのメリット

　不動産所有者の場合には、どうしてもファミリーの中の1人の方に所有不動産が集中しており、結果として所得も集中していることが多いようです。所得金額が1,800万円を超えると所得税・住民税合計の税率が50%、4,000万円超は55%になります。

　会社を設立して収入を会社に移転し、きちんと役員や従業員として勤務している子や配偶者などに、その会社から給与や役員報酬を支払うと所得が分散され、不動産所有者より低税率の所得税・住民税が適用されることになり、ファミリー全体の税額の合計額が減少することになります。

会社には税制上の有利な点がある

　会社契約で従業員や役員の生命保険に加入すると、契約内容にもよりますが、少なくとも掛捨て部分の保険料が費用として処理でき、個人では一部費用化できない土地取得の借入金利子についても、会社では全額費用化できます。青色申告をしている個人の場合には欠損金の繰越控除は3年ですが、会社の場合は最長10年間可能です。さらに、個人の場合には不動産や株式の譲渡損失を他の所得と通算することができませんが、会社の場合は損益通算できます。

会社設立の留意点

　会社設立の場合には、次のように様々な費用や手数がかかりますし、個人の場合以上に経理をしっかりしなければなりませんので、その点には留意しましょう。

●会社設立のメリット・デメリット

会社設立のメリット

相続対策
- 本来不動産所得者に入る収入が会社に入り、個人財産の蓄積を防ぐことができる
- 出資者を将来の被相続人以外にしておけば、会社に相続税はない
- 不動産を贈与するより出資持分を贈与する方が、コストもかからず容易にできる
- 会社に収益力をつけることができれば、会社を通して相続税の納税資金の準備ができる
- 会社で生命保険に加入し、その生命保険金を原資に退職金支給して相続税の納税資金にできる
- 「相続もめ」対策として相続人ごとに会社設立

所得税対策
- 不動産所得者が高所得のときには、分散することで税率が低くなる
- 勤務の実態さえあれば所得を数人に分散することができる
- 生命保険の掛金、土地取得借入金利息、その他経営上必要な出費は会社で費用にできる
- 個人の場合は欠損金の繰越しや損益通算には様々な制限があるが、会社の場合は欠損金を最長10年間繰り越すことができ、損益通算も可能である

会社設立のデメリット

- 会社設立時の費用が25～50万円程度かかる
- 社会保険は強制加入とされており、会社負担分の保険料が余分にかかる
- 経理を個人と分離してしっかり記帳しなければならず手数がかかる
- 決算・申告が所得税と比べ複雑なため税理士費用が必要となる
- 会社には赤字でも法人住民税の均等割がかかる

02 個人所有か不動産保有 会社かの判断基準

会社を設立するかどうかの判断の単純な目安は、
法人税の実効税率と個人の所得税・住民税の
合計税率との比較です。課税所得が695万円を
超えると法人税率のほうが低くなり、これが１つの基準です。

所得金額は 695 万円超なら効果有

　会社活用のメリットの１つが個人の所得税・住民税の合計の税率と、法人税の実効税率との税率差です。個人が不動産を所有して賃貸した場合、その賃貸収入から生じる所得は不動産所得として課税され、他の所得と合算して、15%から55%の超過累進税率が適用されます。

　超過累進税率のため所得が高ければ高いほど税負担が重くなります。そこで高収益の不動産を会社に移転させ、不動産所得を会社に移転させます。会社に移転した所得について、個人にかかる所得税等と会社にかかる法人税等との差額が節税となります。

　次の表は個人の実効税率と法人の実効税率を比較したものです。一定の規模を超える個人の不動産業の場合には、不動産所得の金額が年間 290 万円を超えると、超えた部分に5%の税率で事業税がかかりますので、これも考慮しなければなりません。所得税・住民税の税率が法人税の実効税率 24.81%（中小企業の 800 万円以下の所得）を超えるのが課税所得金額 695 万円を超える場合ですので、課税所得金額 695 万円が会社設立の１つの分岐点ともいえるでしょう。

●個人と法人の実効税率の比較（目安）

課税所得金額	個人の実効税率	法人税の実効税率（概算）	
195万円以下	15.0%		
195万円超～330万円以下	17.0%		
330万円超～695万円以下	23.9%	中小企業の800万円以下	24.81%
695万円超～900万円以下	25.9%		
900万円超～1,800万円以下	34.4%	中小企業の800万円超	33.58%
1,800万円超～4,000万円以下	43.0%		
4,000万円超	43%～55%		

（注1）法人の実効税率は事業税を含みます。
（注2）復興特別所得税等は考慮していません。

役員報酬や給与には給与所得控除がある

実際には、不動産の収入から直接かかる費用を差し引いた所得に法人税が課税されるのではなく、そこから役員報酬や従業員の給与を支払います。極端な例として、188ページの「個人と会社の比較例」のように1,000万円の所得から2人に500万円ずつの給料を支払ったとすると、法人の所得はゼロになります。

一方、個人の課税所得を計算する場合には、不動産所得1,000万円から各種の所得控除を差し引きますので、所得控除の合計額が200万円と仮定すると、800万円の課税所得になります。

会社の場合、給与に対する課税所得の計算上は給与所得控除を差し引くことができますので、所得税・住民税の合計は1人約40万円、2人分で約80万円となります。

個人経営の不動産所得の場合、所得税・住民税・事業税の合計で約238万5,000円となりますので、差額は約158万円と税負担が大きく異なります。

●個人と会社の比較例

個人の場合	
不動産所得	1,000万円
所得控除合計	200万円
課税所得	800万円
所得税・住民税合計	約203万円
事業税	35.5万円
合計税額	238.5万円

会社の場合			
所得	1,000万円	給与課税	500万円
2人の給与	A 500万円	給与所得	346万円
	B 500万円	所得控除	100万円
		課税所得	246万円
法人税	0円	所得税・住民税 約40万円 × 2人分 約80万円	

差額　約158万円

　このように、家族が役員や従業員として不動産保有会社で働いて給与をもらえば、会社にかかる法人税等の負担は非常に軽くてすみ、給与を2人に分散することによって個人にかかる所得税・住民税が安くなり、かつ事業税はかからないことになります。所得金額が低くてもメリットがあるといえます。

●将来の相続財産

個人の場合	
不動産所得	1,000万円
所得税・住民税 事業税・社会保険料	△338.5万円
差引手取金額	661.5万円

会社の場合		
	A	B
給与収入	500万円	500万円
社会保険料等※	△80万円	△80万円
所得税・住民税	△40万円	△40万円
差引手取金額	380万円	380万円

個人の場合：
× 10年 = 相続財産が増える **6,615万円**

相続税の累進税率50%とすると 3,307.5万円

残り　3,307.5万円

会社の場合：
A × 10年 = **3,800万円**　　B × 10年 = **3,800万円**

それぞれの資金として相続税納付に充てることができる

合計　7,600万円

※　会社にも社会保険料の会社負担がかかります。

相続税の納税資金対策としても有効

　所得税・住民税、事業税以外の面でも、個人のままだと所得金額から税金負担分を差し引いた金額が残るため、その累積分が相続財産として相続発生時点で課税されてしまいます。左ページの「将来の相続財産」でいえば、結果的には相続税の納税資金として10年後に3,307.5万円しか残りません。

　この所得を会社の収入にして、それぞれが給与を貯めて将来の相続税の納税資金として貯蓄しておけば、社会保険と所得税・住民税を差し引いても10年後には1人約3,800万円、2人で7,600万円残ることになります。

　このような理由により、相続税の納税資金準備対策として、不動産保有会社や不動産管理会社を設立するのです。もちろん、資金の事前移転によって相続税額引下げ対策にもなっているのですから、その効果も高いことはいうまでもありません。

会社に財産を蓄積する

　しかし、このようにすべて給与等に支払ってしまい、会社に財産がなければ、長期的な相続税対策にはなりません。何世代にもわたり、不動産所有者の相続を成功させるには、会社に財産を持たせて子孫はその株式を承継していくという方法がベストでしょう。

　長期間にわたり様々な手法を活用にすることにより、株式の評価を下げて移転できます。また、相続発生時に被相続人に死亡退職金を支給する、相続人から相続財産を買い取るなど会社を通じた納税資金の準備もできます。法人税の節税のみを考えるより、ぜひ、豊かで頼れる会社に育ててください。

03

建物は誰が建築（所有）するのがよいか

短期の対策としては、収益建物は土地所有者が建築すると
よいでしょう。親族所有によるメリットは収益移転と
土地所有者の所得税対策を図る場合のみに限定され、
相続税対策としては会社所有にするほうが効果が高いでしょう。

条件によって賃貸建物の名義は変わる

「安定収入確保と相続税額引下げ対策のために賃貸住宅を建てる場合、その名義を誰にしたらよいのですか？」というのは非常によく受ける質問です。しかし、それほど簡単に決められるものではありません。次のような条件によってその答えは大きく異なります。

①土地所有者の相続発生までの予想期間

②土地所有者の相続財産の総額と相続税額予想額

③土地所有者の現在の所得金額

④後継者の現在の所得金額

⑤建築予定物件から得られる収支見込額や建築総額

土地所有者が賃貸建物を建築する場合

　短期的な視点から相続税額引下げ対策をするためには、建物の所有者は土地所有者本人であることがベストでしょう。土地所有者が自分で賃貸用建物を建築した場合は、土地の評価は「貸家建付地」、建物の評価は「貸家」となり相続税評価額の引下げ効果があるからです。さらに、小規模宅地等の特例の適用により、貸付事業用宅地等として、200㎡まで50%減額されます。

　しかし、この場合は、今後入ってくる収益が土地所有者の財産を増やすことになり、長い目で見れば、相続税の課税対象が増加していくことになります。さらに、土地所有者が高額所得者である場合には所得税の負担を軽減することもできません。

親族が賃貸建物を建築する場合

　土地所有者の親族が、土地所有者から使用貸借で土地を借り受け、その土地の上に親族が賃貸建物を建築します。この場合、土地の評価は自用地となり、相続税額引下げ対策としての効果は全くないことになります。土地所有者と生計を別にする親族がその賃貸建物の所有者である場合には、小規模宅地等の特例も適用されません。

　一方、家賃収入は所有者である親族のものとなりますので、将来の相続財産の累積は防げますし、土地所有者の課税所得が多額であれば土地所有者の所得税を軽減することにもなります。もっとも、親族がすでに高い所得を得ていて、高額の所得税・住民税を支払っている場合には所得税等の節税効果はありません。

　しかし、将来的には賃貸収入から生じた所得を親族が蓄積していくことにより、相続税の納税資金を確保することができる方法といえます。

同族会社が賃貸建物を建築する場合

　土地所有者が新たに設立した同族会社、あるいはすでに存在する同族会社が、土地所有者から無償返還による賃貸契約により土地を借り受け、その土地の上に賃貸建物を建築します。この場合、土地の評価減額は貸地（自用地価額×80%）としての評価減額があるため、土地所有者自身が建築するのとほぼ同じ評価減の効果があります。ただし、20%減額に相当する価額は、その同族会社の株式の評価をする時には、純資産価額の資産に計上されるため、同族会社の株式の評価額が高くなります。

　結果として、賃貸建物の収入は会社に移転しその一部を会社の役員として頑張って働いている親族に報酬として支給すれば、建物を親族が所有するよりフレキシブル（機動的）に対応できます。

　右の3つの方法の中では、相続税額引下げ効果、収益移転効果、所得税効果を考えますと、超短期的な場合を除き、会社で所有することがバランスのよいベストな方法といえるのではないでしょうか。

所有者を決めるときに注意すべきこと

　所有者を決めるときには、相続発生時期の予想、相続税の総額、所得税・住民税対策の3点を総合的に判断しなければなりません。

　しかし、それ以上に、相続人間の争いに備える上で、誰が所有しておくかは重要です。税金の多寡だけで決めるのではなく、遺産をどう承継させるのか、遺言書作成も視野に入れて判断することが重要です。また、そのためにはすべての相続財産を把握し、かつその評価及び相続税の試算をしておくことが必要です。手順を追って全体を総合的に見て判断されることを強くお勧めします。

●建物の名義と有利判定の比較

◎……非常に有利
○……有利
×……不利

		A 本人名義	B 親族名義	C 会社名義
		本人 本人 建物…貸家 土地…貸家建付地	親族 本人 土地…使用貸借	会社 本人 建物…株式評価減 土地…貸地△20%
相続税額引下げ対策	貸家建付地	◎	×	×
	貸　　地	—	×	◎
	建物評価減	◎	×	株式評価減
		◎	×	○
収　益　移　転		×	◎	◎
土地所有者の所得税対策		×	◎	○

第7章　不動産保有会社活用のススメ

04

役員や家族従業員の
給与・報酬への注意点

会社設立時に際して、誰が出資し役員になるかを
決めなければなりません。また、節税対策の１つとして
役員や家族従業員への給与支払がありますが、勤務の実態が
必要とされる上、過大な給与も経費として否認されます。

会社の名前は自由に決められる

　会社の名前のことを商号といいますが、株式会社や合同会社を設立するときには、会社の商号は自由に決めることができます。ただし、やみくもに商号を決めると不正競争防止法などで訴えられる可能性もあるのでご注意ください。

出資者はお金を出す人

　出資者は必ず役員にならなければならないと勘違いされている方がおられますが、株式会社では出資者（株主）はあくまで会社に資金を提供する人で、役員はその会社の業務を執行する人や監査する人です。定款の定めにより、取締役会のない株式会社を設立することもでき、この場合、３人以上の取締役や監査役は必要とされませんので、１人以上の取締役だけを選任します。

　また、出資者（株主）は資金提供者であるため会社の所有者となりますので、その会社の価値が上昇すると、その出資の評価額が上昇することになります。

出資金はどのように準備すべきか

　会社に財産を移転させていくという方法をとるならば、最初から子等が出資しておくとよいでしょう。もし出資金がないのであれば、その資金を贈与することも1つの方法です。

　しかし、当初の出資者は不動産所有者がなっておき、所有の土地や建物を会社に現物出資する、負担付きで譲渡するなどによって、株式の評価を引き下げてから子たちに同族会社の株式を贈与するという方法も効果的です。

　相続時に、贈与等により不動産保有会社の株式が、不動産所有者ではなく子あるいは孫等に移っていれば、相続税がかからずベストな結果といえます。

役員とその報酬

　不動産保有会社に収益物件を移転して、家賃収入をそれ以降会社の収入とすることができても、そのままでは会社に法人税がかかります。会社には業務を執行する人（役員）が必要であり、家賃回収やその管理、物件の清掃、会社の経理、その他さまざまな仕事をする従業員も必要です。

　しかし、役員として報酬を支給することによる資金分散も1つの目的ですから、不動産所有者自身を役員にして多額の給与を支給するのでは、その効果を自ら低減してしまうことになります。そこで、役員や従業員には不動産所有者以外の親族もなるのがよい方法です。しかし、何の勤務もしないのに形式だけ従業員や役員にしておき給与を支払っても経費性が認められず、節税にはなりません。したがって、きちんとその業務に従事している人に、出勤簿、清掃チェックリストへの担当者の押印などで勤務の実態を客観的に証明した上で、報酬を支払っておくと確実な対策となるでしょう。

過大な給与は否認される

　週に3回程度、賃貸建物の掃除をしている人に月給30万円を支払うようなことは通常考えられません。普通はパートタイマーとして時間給1,000円（地域・業種にもよりますが）程度でしょう。この場合、「この給与のうち相当部分は業務に見合う給与を超える過大部分である」と、課税当局に給与の損金性が認められず、所得税と法人税のダブル課税とされることも考えられます。

　役員であったとしても、役員として土地の購入や建物の建設、借入金調達などの意思決定や重要な書類への署名押印などを実際に行っているといった実態がなければ、従業員給与と同様に過大役員報酬として否認されることもあります。

学生や遠方に住んでいる人などへの給与

　大学生である子を会社の役員にして、この子に役員給与を支給した場合はどうでしょう。会社の役員である大学生の能力と、その時間的余裕と勤務実態の有無によって判定されるでしょうが、それほど高額の役員報酬は課税上認められないでしょう。

　また、「大阪の実家の不動産保有会社の役員として、神奈川に嫁いだ長女に高額の役員報酬を払い続けている」というような場合、勤務実態の面から否認されたという例があります。

●役員や家族従業員への給与・報酬の注意点

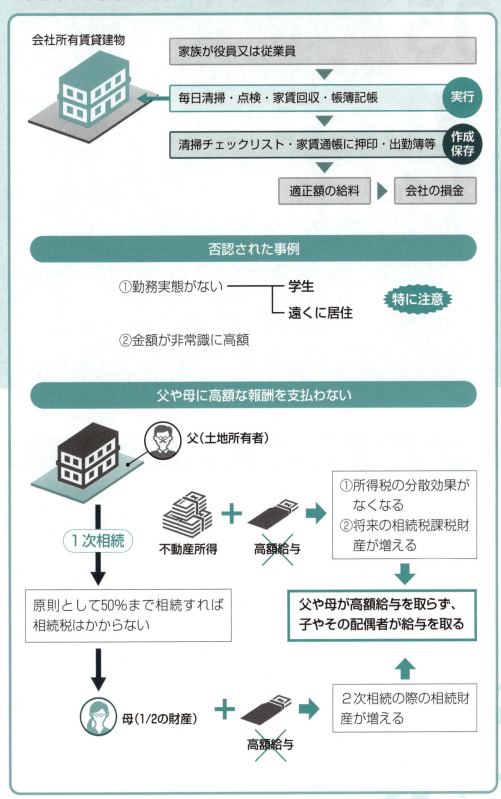

05 個人から土地を借りる ときの課税関係

不動産保有会社が個人から土地を賃借し、その借地上に
建物を建てた場合、原則として借地権が生じ認定課税されます。
「土地の無償返還に関する届出書」を提出するなどの方法により、
課税されないようにしておきます。

土地の賃貸借に係る権利金は課税される

　一般的な取引慣行で、建物の所有を目的とする土地の賃貸借をするときには、権利金の授受をすることになっています。この権利金は、原則として受け取った土地所有者の不動産所得となります。

　なお、不動産等を3年以上にわたり他人に使用させることにより受け取る権利金等で、その金額が賃料年額の2倍以上である場合には、臨時所得として平均課税の適用を受けることができます。ただし、平均課税後の課税所得が4,000万円を超えるような不動産所有者にとっては55%の最高税率となり、税負担は変わらないことになります。

　また、権利金の額が土地の価額の50%や地代年額の20年分を超える場合には譲渡所得となり、分離課税で所得税、住民税を合わせて20%の税率となります。高額所得の不動産所有者の場合には、こちらのほうが有利となります。

借地権は認定課税される？

　民法上は、宅地を賃借し賃借人が建物を建築すると、その時点で借地権が発生することになります。したがって、個人から土地を借り受け、同族会社が建物を建てた場合に、左ページで述べた権利金の受渡しがないと、同族の不動産保有会社といえども借地権を贈与されたとみなされて権利金の認定が行われ、法人税が課されるのが原則です。内輪の取引だからと適当にしていると、思わぬ課税を受けることになりかねません。

●法人税・所得税の取扱いの比較

区分	法人税	所得税	
土地の価額の 10分の5超の 権利金収入	譲渡収入（益金） （対応簿価の損金算入）	譲渡所得 （対応簿価の必要経費算入）	
それ以下の収入	単純な益金	不動産所得	臨時所得の平均課税
			通常の総合課税

借地権に関する税法ごとの定義と相違点

　借地権に関する考え方は、税法ごとに異なっています。法人税法上は、「建物又は構築物の所有を目的とする地上権又は土地の賃借権」だけでなく、施設を設けないで物品置場、駐車場として土地を更地のまま賃借権を設定したものも含まれます。また、所得税法上は、「建物若しくは構築物の所有を目的とする地上権若しくは賃借権」を借地権といいます。しかし、相続税法上は借地借家法に定める「建物の所有を目的とする地上権又は賃借権」をいいます。税法によって借地権の定義が異なっているため、同族関係者間で賃貸借をするときは十分な注意が必要です。

借地権は入口課税？　出口課税？

　権利金を払わないにもかかわらず、借地権課税されない方法が2つあります。1つ目は「土地の無償返還に関する届出書」の提出、2つ目は毎年相当の地代（土地の価額の6％相当額）を払うことによって借地権を生じさせない方法です。平成になった頃は相当地代方式が主流でしたが、高額な地代として、かえって土地所有者の収入を増やすことにもなった今では「土地の無償返還に関する届出書」提出による方法が一般的です。

06 相当地代方式と無償返還方式

権利金授受の慣行がある地域で権利金を払わなければ
認定課税されます。しかし、同族会社等特殊な関係では
権利金の授受がされないのが一般的ですので、
課税当局も相当の地代の計算や改訂の方法を明確にしています。

第7章　不動産保有会社活用のススメ

相当地代方式とは

　土地を使用させる場合に得ることのできる権利金と地代は、経済的に考えると、いずれも土地所有者にとっては土地の収益力の対価であり、一方が低くなれば必然的に他方が高くなるという逆相関関係を持っています。そこで、課税上の取扱いにおいて、権利金収入がゼロであっても、それに対応した高い地代の支払いがあれば、経済的には正常な取引ということになるとされています。よって、権利金授受の慣行がある地域においても、権利金の授受に代えて相当の地代の授受があれば、それは正常な取引として扱い、権利金の認定課税は行われません。

　なお、この相当の地代については 202 ページの算式で計算します。

●相当の地代の計算式

$$\left(\begin{array}{c}\text{土地の通常の}\\\text{取引価額※}\end{array} - \begin{array}{c}\text{実際に収受した権利金の額}\\\text{及び特別の経済的利益の額}\end{array}\right) \times \begin{array}{c}\text{おおむね}\\\text{年6\%程度}\end{array} = \begin{array}{c}\text{相当の}\\\text{地代年額}\end{array}$$

※　本来は更地としての通常の取引価額ですが、課税上弊害がない限り、次によることができるとされています。
①近傍類地の公示価格等から合理的に算定した価額
②相続税評価額
③相続税評価額の過去3年間の平均額

賃料改訂型と据置き型

　いったんは相当の地代を収受することを前提に借地権を設定した場合でも、その後、土地の価額の上昇に応じて地代を改訂しなければ、地代率が低下し、相当の地代に不足する状態になります。地代率の低下は借地権価額の上昇を進行させますから、自然発生的に借地人に借地権の含み益が発生していくことになります。

　この場合、地価の上昇に応じて改訂するか、改訂せずにそのままにしておくかは会社の自由です。改訂する場合には、選択した旨の届出（右の届出書参照）を税務署長に届け出る必要があり、その改訂はおおむね3年ごとに見直すこととされています。増額改訂する方法を採用した場合には借地権の評価はゼロですが、改訂しない場合には、いわゆる自然発生借地権が発生することになります。

●相当の地代の改訂方法に関する届出書

相当の地代の改訂方法に関する届出書

※整理事項	1 土地所有者	整 理 簿	
		番　　号	
	2 借 地 人 等	確　　認	

2 通 提 出
（添付書類含む）

受付印

令和　　年　　月　　日

　　　　　国税局長　　　殿

　　土地所有者＿＿＿＿＿＿＿は、借地権の設定等により下記の土地を令和＿＿年＿＿月＿＿日から＿＿＿＿＿＿＿に使用させることとし、その使用の対価として法人税法施行令第137条に規定する相当の地代を収受することとしましたが、その契約において、その土地を使用させている期間内に収受する地代の額につき法人税基本通達13－1－8（又は連結納税基本通達16－1－8）の〔(1)により改訂する〕こととしましたので、その旨を届け出ます。

　　なお、下記の土地の所有又は使用に関する権利等に変動が生じた場合には、速やかにその旨を届け出ることとします。

記

土地の表示

　　所　在　地　＿＿＿＿＿＿＿＿＿＿＿＿＿＿＿＿＿＿＿＿＿＿＿

　　地目及び面積　＿＿＿＿＿＿＿＿＿＿＿＿＿＿＿　＿＿＿＿＿＿＿㎡

	（土地所有者）	（借地人等）
住 所 又 は 所 在 地	〒　　　　　　　　　　　電話（　　　）　－	〒　　　　　　　　　　　電話（　　　）　－
氏 名 又 は 名 称		
代 表 者 氏 名		

	（土地所有者が連結申告法人の場合）	（借地人等が連結申告法人の場合）
連結親法人の納 税 地	〒　　　　　　　　　　　電話（　　　）　－	〒　　　　　　　　　　　電話（　　　）　－
連結親法人名等		
連結親法人等の代表者氏名		

	借地人等と土地所有者との関係	借地人等又はその連結親法人の所轄税務署又は所轄国税局
	＿＿＿＿＿＿	＿＿＿＿＿＿

02. 12 改正

（出典：国税庁）

第7章　不動産保有会社活用のススメ

相当の地代を引き下げたとき

相当の理由もなく地代を引き下げたときは、引き下げた事実によって引下げ後の地代を賃貸借契約で定めていたものとして、その時に新たに借地権の設定があったものとみなされ、権利金の認定課税が行われます。

無償返還の届出制度

また、納税者の選択により、土地を賃借している会社が借地権の設定に際して通常の権利金も相当の地代も収受しない場合、借地契約において将来借地人である会社が土地を無償で返還することを定め、借地人との連名の「土地の無償返還に関する届出書」を税務署長に提出すれば、相当の地代が授受されていない場合でも権利金の認定課税はされません。なお、土地所有者が会社である場合には、実際の支払地代と相当地代との差額について地代の認定がされ、相当の地代を受け取ったものとして法人税が課税されますのでご注意ください。

貸宅地の相続税評価額

土地の無償返還に関する届出書を提出している貸宅地の所有者に相続又は贈与があった場合、この貸宅地の相続税評価額は、自用地価額の100分の80に相当する金額とされています。

ただし、使用貸借に係る土地について無償返還届出書が提出されている場合の貸宅地の相続税評価額は自用地価額で評価します。

また、地代率との相関関係から課税の取扱上、借地権がないとされている「相当の地代を収受している貸宅地」の評価についても、借地借家法により利用の制約を受けているため、この貸宅地の相続税評価額についても自用地価額の100分の80に相当する金額とされていますので安心です。

07

長期勝負で考えるなら やっぱり会社活用

賃貸不動産を取得すれば大きく相続税評価額が下がりますが、

建築後長期間経過した場合には相続税効果が減少します。

会社の株式の移転により、相続税効果を確保できますが、

「3年しばり」の規制に注意してください。

個人には3年しばりがない

　相続や贈与のときに税金の対象となる相続税評価額は、土地の場合は路線価方式及び倍率方式により評価した額となり、建物の評価額は固定資産税評価額によります。この不動産が賃貸物件であるなら、土地は貸家建付地、建物は貸家として評価され、相続税評価額はなお下がります。土地は取引価額と比較するとおよそ20〜30%評価が下がり、建物は建築金額の40%程度の評価となることが多いのです。

　この評価差額を利用して相続税対策をする人が多かったため、取得後3年間は取得価額で評価しなければならない時期もありましたが、現在は取得してすぐに相続税評価により評価できます。個人の不動産所有者にとっては取得直後であっても、相続税対策の効果の高い方法となります。

同族会社の株式も相続税の対象

　この評価かい離の利用を防ぐため、親族間売買や負担付き贈与をする場合には、取得後何年経過しても、不動産は取得価額（時価）で評価しなければならない規制がありますので、相続税効果はありません。しかし、会社の株式を評価するときにはこの規制の対象となっていませんので、債務があったとしても、取得後3年経過すれば不動産は相続税評価額で評価することができるのです。

　例えば、不動産所有者が現金を出資して会社を設立します。設立時の会社の株式評価額は出資した現金と同じですが、会社の資金を利用して賃貸不動産等を取得すれば、取得価額と相続税評価額とのかい離差により、右のように株価が大きく下がることになります。このように、会社を活用すれば、負担付き贈与の手法が今でも使えることになります。

課税時期3年以内の取得は取引価額で評価

　注意しなければならないのは、個人と違って取引相場のない株式を評価するに当たって、純資産価額を計算する場合には、その会社が課税時期前3年以内に取得（新築を含む）した土地等又は家屋等を所有しているときは、「その土地等又は家屋等の価額は通常の取引価額により評価しなければならない」という規制が残っていることです。この規制があるため、取得してから3年間はこの評価かい離による節税メリットは効果がないことに留意してください。

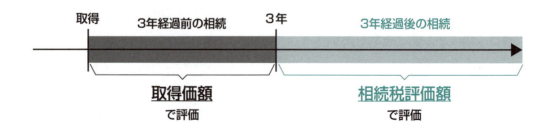

●不動産の取得による自社株式の評価減効果

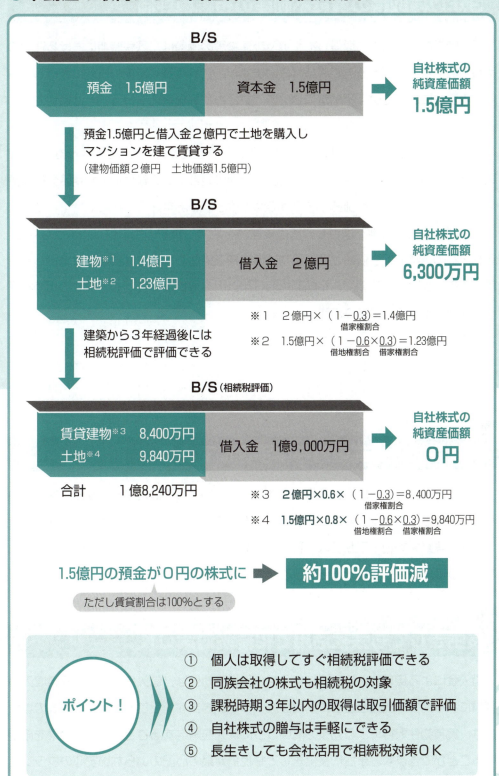

３年以内取得の賃貸不動産の相続税評価

　課税時期前３年以内に取得した土地及び建物等の価額は、課税時期における通常の取引価額により評価すると定められていますが、これは課税時期の直前に取得し、時価が明らかになっている不動産について、わざわざ評価替えを行うことは適切でないと考えられるからです。

　したがって、土地・建物の取得（新築）後、建物を賃貸の用に供したような場合は、取得時の自用としての利用区分から、課税時期の貸家、貸家建付地の利用区分に変更になったのですから、評価替えを行うのは当然といえます。

　例えば、会社が土地を取得し、その後建物を新築し貸家の用に供したような場合、それぞれの通常の取引価額から、建物は借家権を控除し、土地は貸家建付地として評価することができますので、相続開始前３年以内の取得といえども、株式の相続税評価額が減少することになります。

同族会社の株式の贈与は手軽にできる

　不動産を取得した同族会社の株式の贈与は、実態としては現金→不動産→株式という形で贈与したのと同じ効果があります。株式で贈与すると、不動産登記の司法書士手数料、登録免許税・不動産取得税等の税金もかかりませんし、贈与税の負担が軽くなるように細かく分散して贈与することも簡単にできて効果的です。

長生きしても会社活用で相続税対策ＯＫ

　借入金による賃貸物件の取得に伴う相続税対策効果は、借入金の返済や賃料収入の蓄積により時間の経過とともに効果が減少していきます。ところが会社の株式の場合には、賃貸物件取得による効果の高いうちに株式を贈与することにより、効果を確定することができます。まさに長生きしても税金効果の心配のいらない安心のプランといえるでしょう。

08 会社活用で相続税を納める賢い方法

相続税を払うため延納してもその利子は所得税の
計算上経費にはなりません。次世代の相続税対策もかねて、
相続した不動産を会社が借入金により取得し、
相続人が売却代金で相続税を払ってしまうとよいでしょう。

延納の利子は経費にならない

　相続税の延納の利子については不動産事業に直接要する費用ではありませんので、所得税の計算上必要経費とはなりません。多額の相続税の場合、延納利子も多額になりますので、せめて利子が所得税の経費になると、資金繰りが楽になります。

　このようなケースでは、相続した高収益の不動産を同族会社に売却する手法が考えられます。相続財産とはいえ、会社にとってはあくまでも不動産の購入となりますので、そのための借入金の利息は費用として損金に算入できます。また、相続人から見れば相続した不動産を同族会社に売却した代金により相続税を納税できるのですから、物納で土地を手放したり延納したりする必要がなく、利子も支払わなくてすむ非常に合理的な方法です。

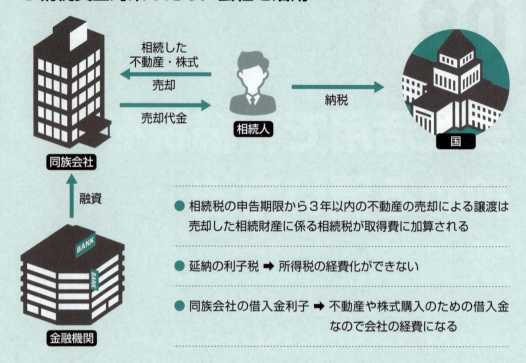

●納税資金対策のために会社を活用

- 相続税の申告期限から3年以内の不動産の売却による譲渡は売却した相続財産に係る相続税が取得費に加算される
- 延納の利子税 ➡ 所得税の経費化ができない
- 同族会社の借入金利子 ➡ 不動産や株式購入のための借入金なので会社の経費になる

相続税の一部が譲渡資産の取得費になる

　この方法を行うときには、「相続税の取得費加算」という特例を使うことができます。この特例は、相続開始の日から3年10か月以内に相続財産を譲渡した場合には、相続財産の譲渡所得税を計算する際に、支払った相続税のうち全体の相続財産に占める譲渡した相続財産の評価額の割合に相当する部分を取得費に加算して譲渡所得税を計算するというものです。

　譲渡先に制限がありませんので、相続開始後に土地等を少ない負担の譲渡所得税で同族会社に譲渡することができるのです。

　右の事例でいうと、支払った相続税3億円のうち7,500万円を譲渡所得の計算上差し引くことができます。現行の譲渡所得税・住民税合計の税率は20％ですので、4,020万円の税金ですむことになります。

●相続財産を譲渡した場合の取得費加算

譲渡した人の納付すべき相続税額 × $\dfrac{譲渡した相続財産（物納したもの及び物納申請中のものを除く）の相続税の課税価格}{債務控除前のその人の相続税の課税価格}$ ＝ 取得費に加算する金額

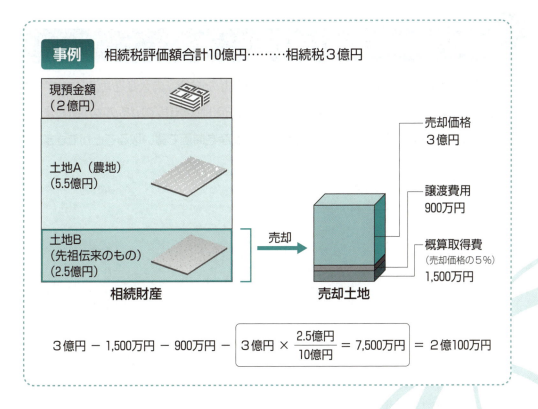

農地の納税猶予を受けている場合

　農地について、相続税の納税猶予を受けている場合の「相続税の取得費加算の特例」の取扱いは、納税猶予を受けている相続税額を含んだ相続税額について、取得費として加算できる計算をすることとなっています。農地の納税猶予税額を差し引いた税額のみを納付すればよいのですが、取得費として譲渡所得の計算上控除することができる対象は相続税全額となっていますので、非常に有利です。

会社が不動産を時価で買う

　ただし、会社がこのような方法で不動産を購入した場合、借入金を返済しなくてはなりません。そのためには、その会社がある程度の利益を出している必要があります。利益を出していれば、次のような手段で会社が不動産を時価で買い取ることができます。

●会社が不動産を時価で買い取る手順

相続で相続人が土地を取得しました。

同族会社は金融機関から、その土地を含む不動産購入資金を借り入れます。

同族会社はその借入金で、相続不動産を相続人から時価で買い取り、相続人はその不動産売却で得た資金で相続税を納めます。

相続人の土地売却に伴う税金は、相続税の取得費加算の適用により譲渡税額が大きく軽減されます。また、建物の場合は譲渡に伴い、大きな利益が生ずることはあまり考えられません。

会社は借入金を収入で返済していきます。この借入金利子は法人税法上損金算入できます。

もちろん、元利返済金と収入が一致しなければ成り立たないのですから、会社に収益が残る良質な不動産を移転することがポイントです。

なお、収入が不足している場合には、他の賃貸建物など高収益物件を別途会社に売却します。

この賃貸建物の敷地が会社のものであれば問題はありませんが、個人のものである場合には借地権や地代の問題がありますので留意する必要があります。

会社がこの不動産購入資金を調達できるかどうかが対策の要です。どうしても困難な場合には、同族間の貸し借りで客観的に証明できる方法を考えなければなりません。

会社は購入後、借入金返済資金を捻出するために役員給与を減額するなどの方法を採れば、結果的に延納と同じ効果が生まれ、しかも支払利息は経費にすることができます。

相続税負担の重い不動産をこの方法により会社に移転することができましたので、次代の相続税対策がしやすくなります。

第8章

民法大改正！
もめないための新・相続対策

01

"家督相続" に理解を求め均分相続に備える

戦前の家督相続は遺産分けも要らず

相続税も高くなく後継者には最適でした。

現在の法定相続や高額の相続税の納税に対応するためには、

土地所有者自身が生前に手を打っておくことが、何よりも重要です。

家督相続は原則財産を手ばなす必要はなかった

　戦前（第二次世界大戦前）までの相続では、財産分けや相続税で困ったという人は
あまりいませんでした。実際、戦前に父から広大な土地や財産を家督相続した都心の
大地主さんは、他の兄弟に財産分けをすることもなく、相続税をほとんど払うことも
ありませんでした。昭和21年の自作農創設特別措置法（自作法）による農地開放政
策により土地を手放さざるを得なかったケースを除き、財産を手放す必要がなかった
ので、大地主のまま、100歳を超えて元気に生活されている方もおられます。

家制度の概要

　第二次世界大戦前までの日本人は、先祖から子孫へと流れる「家制度」の一部となること、すなわち自分が先祖から受け継いだ家・会社・不動産、そして何よりも氏（血脈）を守り次世代に渡すことを重要視していました。

　この家制度は明治31年（1898年）に制定された民法において規定され、親族関係を有する者のうちさらに狭い範囲の者を戸主（こしゅ）とその家族として1つの家に属させ、戸主に家の統率権限を与えていた制度でした。江戸時代に発達した、戸主に家の統率権限を与えるという武士階級の家父長制的な家族制度を基にしています。戸主は家の統率者であり、1つの家は1つの戸籍に登録されていました。

●家督相続のイメージ

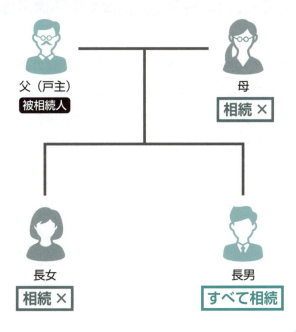

家督相続の概要

　戸主の地位は、戸主の財産権とともに家督相続という制度により承継され、家の統率者としての地位の承継も含まれており、遺産相続と異なり常に単独相続でした。戸主以外の家族の者の財産については死亡相続のみとなっていましたが、家督相続については、隠居や入夫婚姻、国籍喪失といった事象により、戸主の生前中に家督相続が発生することもありました。なお、旧民法下では長男が家督相続するのが大原則でしたが、仮に長男がいなかった場合であっても、誰を相続人とするか明確なルールがありました。家督相続人（新戸主）となる者は、次の順位で決めることになっていました。

①	旧戸主と同じ家に属する者（家族）の中から、男女・嫡出子庶子・長幼の順で決められた上位の者
②	被相続人(旧戸主)により指定された者
③	旧戸主の父母や親族会により選定された者

家督を継がない戸主以外の相続

　家督相続すると、このように原則としてすべての財産を一人で相続することになりますが、家督を継がない戸主以外の相続については家督相続の適用がありませんので遺産相続となり、今と似たような遺産均分相続制度が旧民法に設けられていました。

　旧戸主の身分や財産をすべて受け継いだ家督相続人は、家の財産を守り、一族の面倒をみる立場にも立たされるため、戸主となる者はとても強い権限を持っていたといえます。

家督相続から均分相続へ

　婚姻や養子縁組などについて戸主の同意を必要とするものがあるなど、家制度には家族の権利が犠牲にされる側面がありました。そこで、憲法 24 条などに反するとして、日本国憲法の施行日（昭和 22 年 5 月 3 日）に女性参政権の施行と同時に、民法が大規模に改正され家制度は廃止となり、翌年の 1 月 1 日から施行されました。

　この法改正により、旧民法下で行われていた独占的な家督相続制度は廃止され、配偶者も相続することができるようになり、長男、次男、長女、次女等の男女・長幼の順も関係なく、相続人であれば平等に相続することができる法定相続制度が定められました。このように戦後の改正は現在の遺産相続制度が創設されたのではなく、家督制度がなくなっただけなのです。

均分相続は地主や経営者の相続には不向き

　戦後、集団としてのみ生きることの弊害を実感した日本人は、家制度を守るのではなく個人として家から分離独立する傾向が強くなったといわれています。まさに、家督相続制度の廃止や同権教育などにも一因があるのではないでしょうか。

　現行民法は均分相続であり、かつての独占的な家督相続に比べれば聞こえはいいですが、その分、遺産をめぐる相続トラブルという点からみると、皮肉にも昔より増えているようです。

　特に先祖代々の土地を守り続けなければならない大地主や、会社を承継しなければならないオーナー経営者にとって、均分相続や高額の相続税は大変な悩みです。土地や会社（自社株式）を守り続けるには、兄弟といえどもこれらの財産を分けるわけにはいかず、もちろん納税資金のために売却する訳にもいきません。土地や会社を承継する後継者にとっては、戦前の家督相続が最適だったのです。

第 8 章　民法大改正！もめないための新・相続対策

生前に子たちの理解を得ておく

　土地所有者の後継者が家を承継した場合には、仏壇や墓所を中心とした先祖の供養、親戚付合いや地域の奉仕など、やらなければならない仕事や様々な諸費用がかかります。これをしっかりと子たちに理解させ、後継者にはそのやり方を、それ以外の子たちには後継者に対する気遣いと感謝を教えておかなければ、もめない相続は期待できません。

　また、大地主の場合、土地に係る相続税が高額で、土地を売らない相続を目指すなら、手持ちの現預金では相続税の納税すら困難で、遺産分けの金銭などほとんど残らないことも、生前からよく家族で話し合っておくことが必要です。

　家督相続により何も手を打たずとも家を守ることができた昔と違うのですから、土地所有者が土地（家）を承継していくことを望むなら、まず法定相続以外の遺産分けを実行する方法と、相続税を払う方法を生前に考え対処しておかなければならないのです。早速取り掛かられることをお勧めします。

02

配偶者保護のための諸制度

令和2年4月1日から施行されている
配偶者居住権は相続時にはどのように評価されるのか、
所有者の評価や配偶者が亡くなった時には
どのように取り扱われるのでしょうか。

配偶者短期居住権

　かつての相続法では、相続人間の関係が良好でない場合には、遺産分割完了までに特定の相続人のみが相続財産である自宅等に居住していた場合、その間の使用料等を共有者であった他の相続人に支払うべきであるという考え方もあり、困った問題となっていました。

　この困った問題に対処するため、配偶者の短期居住権という制度が令和2年4月に創設されました。短期居住権とは、被相続人の所有していた建物に無償で居住していた配偶者に対し、遺産分割完了までの間は引き続いてその建物を無償で使用でき、遺産分割の際にこの家賃相当等の使用利益を考慮しないとする権利です。

　その期間は、遺産の分割により居住建物の帰属が確定した日か、相続開始の時から6か月を経過する日のいずれか遅い日までの間とされています。

　よって、遺産分割終了と同時に消滅する財産ですから、相続税の課税財産にはならないものとされます。

配偶者の終身等の長期の居住権

　配偶者の短期居住権に対し、「配偶者居住権」（短期居住権との区別のために、「長期居住権」と呼ぶこともあります。）という制度も創設されています。

　相続財産の大半を居住用の不動産が占めている場合には、配偶者が遺産分割でその不動産を取得してしまうと、他の相続人の相続分との関係で、居住用不動産以外には金融資産を受け取ることができないことも想定され、極端な例では他の相続人に配偶者から代償金を支払わなければならない事態も考えられます。そこで、遺された配偶者が生活に困ることのないように、配偶者居住権という制度を設けてこの問題に対処したのです。

配偶者居住権（長期居住権）の仕組み

　配偶者居住権とは、配偶者以外の相続人が配偶者の居住していた建物を取得した場合に、配偶者に終身又は一定期間の建物の使用が認められ、これを登記することもできる権利です。建物を所有権と居住権に分けることにより、純粋な所有権の時価に比べてそれぞれの権利の価値は低くなります。

　この配偶者居住権を法で定めることにより、配偶者の取得する相続財産に占める居住用財産の割合を抑えることができるため、代償金を支払わなければならない可能性が低下し、居住用不動産以外の預貯金等の財産を受け取ることのできる可能性が上がることになります。

配偶者居住権の建物の相続税評価額の計算方法

被相続人の財産であった建物の相続税評価額は固定資産税評価額とされており、配偶者居住権が設定された建物所有権や配偶者居住権の評価額は、それを基に評価します。まず、建物所有権は残存耐用年数を基準に評価し、配偶者居住権の評価は自用価額から建物所有権を控除します。

①配偶者居住権が設定された建物所有権の評価方法

$$建物の相続税評価額 \times \frac{[耐用年数 \times 1.5]^{※1} - 経過年数^{※1} - 居住権の存続年数^{※1※2}}{(耐用年数 \times 1.5)^{※1} - 経過年数^{※1}} \times 配偶者居住権の存続年数に応じた民法の法定利率による複利現価率^{※3}$$

※1　6か月以上の端数は1年とし、6か月に満たない場合は切捨て。
※2　居住権の存続年数は、遺産分割協議等に定められた居住権の存続年数で、配偶者の完全生命表による平均余命（6か月未満切捨て）を上限。
※3　法定利率は、民法の改正により令和2年4月1日以降は3％。

②建物の配偶者居住権の評価方法

建物の相続税評価額 － 上記①の評価額

配偶者居住権の土地に係る相続税評価額の計算方法

　相続等により取得した土地等の相続税評価額は路線価等により評価しますが、配偶者居住権が設定された土地所有権や配偶者居住権の評価額は、それを基に評価します。まず、配偶者居住権が設定された建物の敷地利用権は相続税評価額に存続年数に応じた複利現価率を乗じて評価し、土地に対する配偶者居住権は相続税評価額から土地所有権を控除して評価します。

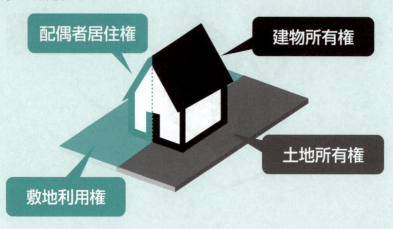

①配偶者居住権が設定された土地所有権の評価方法

土地の相続税評価額 × 配偶者居住権の存続年数に応じた民法の法定利率による複利現価率

②土地に対する配偶者居住権の評価方法

土地の相続税評価額 － 上記①の評価額

●設例

（前提条件）

①妻が85歳の時に夫死亡
②自宅建物の相続税評価額　1,000万円
　（金属造 骨格材の肉厚 3.2mm：耐用年数27年、経過年数15年）
③自宅土地の相続税評価額　3,000万円
④妻は配偶者居住権を取得、子は自宅の建物・土地を取得

（1）配偶者居住権が設定された建物所有権の評価額（子の相続分）

$$1,000万円 \times \frac{(27年 \times 1.5)^{※1} - 15年^{※1} - 9年^{※1※2} = 17年}{(27年 \times 1.5) - 15年 = 26年} \times 0.766^{※3}$$

$$= 5,008,461円$$

※1　6か月以上は1年に切上げ、6か月未満は切捨て。
※2　居住権の存続年数　85歳女性の完全生命表による平均余命
　　　（6か月以上は1年に切上げ、6か月未満は切捨て）…8.73年⇒9年
※3　複利現価率　年利率3%のときの9年の場合…0.766

（2）建物の配偶者居住権の評価額（妻の相続分）

$$10,000,000円 - 5,008,461円 = 4,991,539円$$

（3）配偶者居住権が設定された建物の敷地所有権の評価額（子の相続分）

$$30,000,000円 \times 0.766 = 22,980,000円$$

（4）建物の敷地に対する配偶者居住権の評価額（妻の相続分）

$$30,000,000円 - 22,980,000円 = 7,020,000円$$

（5）配偶者居住権の評価額（（2）＋（4）、妻の相続分の合計）

$$4,991,539円 + 7,020,000円 = 12,011,539円$$

（6）配偶者居住権が設定された建物とその敷地の所有権の評価額
　　（（1）＋（3）、子の相続分の合計）

$$5,008,461円 + 22,980,000円 = 27,988,461円$$

第8章　民法大改正！もめないための新・相続対策

配偶者居住権の消滅時の課税関係

　被相続人から配偶者居住権を取得した配偶者とその配偶者居住権の目的となっている建物の所有者との間の合意や配偶者による配偶者居住権の放棄により、配偶者居住権が消滅した場合等において、建物又は敷地等の所有者が対価を支払わなかったとき、又は著しく低い価額の対価を支払ったときは、原則として、建物等所有者が、その消滅直前に、配偶者が有していた建物及び土地等の配偶者居住権の価額（対価の支払があった場合にはその価額を控除した金額）を、配偶者から贈与によって取得したものとされます。なお、配偶者居住権が期間満了及び配偶者の死亡により消滅した場合には課税されませんので、ご安心ください。

　つまり、配偶者居住権と設定された不動産所有権の評価額を合計すると本来の相続税評価額になりますので、相続税の額は増加することも減少することもありませんが、配偶者が死亡した場合には配偶者居住権は消滅するにもかかわらず、死亡による消滅等については相続税も贈与税も課税されることがありません。

小規模宅地等の特例との関係その他

　建物の敷地に対する配偶者居住権及び敷地所有権は、要件を満たしていればどちらも小規模宅地等の特例の対象となります。

　例えば、配偶者と子が同居しており、配偶者が配偶者居住権を、子が所有権を取得した場合、どちらも小規模宅地等の特例の適用を受けることができます。ただし、対象面積は、敷地面積に、それぞれ敷地の用に供される宅地の価額又は権利の価額がこれらの価額の合計額のうちに占める割合（価額あん分）を乗じて得た面積であるものとみなされますので、適用面積が増えるわけではありません。

　なお、配偶者居住権が設定された不動産（建物・土地）を物納するに当たっては、物納劣後財産とされます。配偶者居住権の設定の登記の登録免許税の税率は 0.2%とされています。

配偶者間の居住用不動産贈与

　相続税法における配偶者の優遇措置として、婚姻期間が 20 年以上の夫婦の間で、居住用不動産又は居住用不動産を取得するための金銭の贈与が行われた場合、基礎控除 110 万円のほかに最高 2,000 万円まで控除（配偶者控除）できるという「贈与税の配偶者控除の特例」があります。実際にこの特例を用いて配偶者間で居住用不動産の贈与を行う例が多くみられます。

　このような配偶者への居住用不動産の贈与であっても、かつての相続法では、「配偶者の特別受益」となりました。特別受益の法的な取扱いとしては、相続の際に配偶者がその贈与を遺産の前渡しとしてもらったものとして、相続時の取得分の計算上は贈与でもらった分を減らして遺産分割を行うことになっています。つまり、居住用不動産の非課税贈与をしても、遺産分割時の配偶者の取得分を増やすことにはなりませんでした。

特別な取扱いを規定

　配偶者保護の観点からこの点についても改正が行われ、婚姻期間 20 年以上の夫婦間の居住用不動産の贈与については、「持戻しの免除の意思表示」があったものと推定する規定が置かれました。これにより、被相続人の別段の意思表示がなければ、すでに贈与により取得していた居住用不動産分を相続分の前渡しとして遺産分割の際に考慮しなくてよいことになりました。この民法については 2,000 万円という制限はありません。この改正は、令和元年 7 月 1 日以後の贈与からのみ適用され、それ以前の贈与には適用されませんのでご注意ください。

　ただし、持戻し免除の推定対象となる配偶者への居住用不動産の生前贈与であっても、遺留分算定の際には免除は関係がなく、持ち戻して遺留分侵害額を計算することになりますのでご注意ください。

03

相続分計算上の
特別受益の持戻し

相続分・遺留分を計算する際には、被相続人が
亡くなった時の遺産だけではなく、
相続人に対する特別受益を加算しなければなりません。
民法における特別受益と相続税法における贈与は異なっています。

特別受益の持戻し

　各人の相続分を計算する場合に、共同相続人の中に特別受益を受けている者があるときは、被相続人が相続開始の時に有していた財産の価格に、その特別受益の価格を加えたものを相続財産とみなし、各人の相続分を計算することとなります。

　右図のように、A、B、Cの3人の子のみが相続人で、Aに対して特別受益に該当する贈与があったとします。この場合には、相続開始時の被相続人の財産にAへの特別受益を加算した財産総額をもとにして3分の1ずつの相続分を計算します。Aはすでに受け取った特別受益に相続開始時の被相続人の財産を加算して3分の1に達するまでの財産が今回相続する財産ということになります。このことを特別受益の持戻しといいます。

● 特別受益の持戻し

例：子のA・B・Cのみが相続人の場合

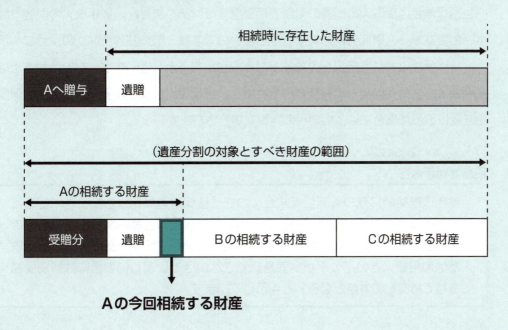

特別受益の対象となる贈与

　特別受益の対象となるものは、婚姻、養子縁組又は生計の資本としての贈与です。生計の資本としての贈与とは、広く生計の基礎として役立つような財産上の給付を指すものとされ、子が独立の際に住居としての宅地・建物を贈与する場合や、農地の贈与などがこれに該当するとされています。

　特別受益となるか否かについては、裁判でもその判断が分かれる場合があり難しい問題です。例えば、親の扶養義務の範囲を超えた高等教育の費用は特別受益に該当します。しかし、扶養義務の範囲を超えたかどうかの判断は時代によって変わり、また、被相続人の資産状況や社会的地位によっても変わるものと考えられており、大学の学費が特別受益に該当するとした判決とこれを否定する判決に分かれています。

生命保険金が特別受益となる場合も

　生命保険金は受取人の固有の財産で相続財産ではありません。被相続人の財産ではないのですから、財産分割の対象とならないのですが、最高裁判所は次のように判示し、特別受益に準じて持戻しの対象となる場合があるとしています。なお、税務上は被相続人が生命保険契約の保険料等を負担し、被相続人が被保険者であった生命保険金を受け取った場合には、相続税の課税対象とされます。

最高裁判示内容

> 　養老保険契約に基づく死亡保険金につき「被保険者が死亡したときに初めて発生する権利であり、保険契約者の払い込んだ保険料と等価関係に立つものでないことから、原則として特別受益に該当しないが、保険金受取人である相続人と他の相続人との不公平が到底是認できないほどに著しい場合には特別受益に準じて持戻しの対象となる」と判示しています。

生前贈与の税務と民法上の取扱いの相違点

　被相続人から相続又は遺贈により財産を取得した者が、相続開始前7年（令和5年末までの贈与は3年）以内に暦年課税による贈与によって取得した財産の価額は、相続財産に加算して相続税が課税されます。また、相続時精算課税贈与によって取得した財産については、経過期間にかかわらず基礎控除後の課税価格を相続財産に加算して相続税が課税されます。しかし、暦年課税による贈与によって取得した財産については、7年経過していれば相続税の計算上問題になることはありません。

　一方、特別受益については経過期間にかかわらず、被相続人が相続開始の時に有していた財産の価格に、特別受益の価格を加えたものを相続財産とみなし、各人の相続分を計算することとなります。

　ただし、遺留分の計算をする場合においては、原則として相続人への10年以内の特別受益についてのみ、遺留分算定基礎財産に加算することとされています。

●持戻しする特別受益の範囲（遺留分算定基礎財産を除く）

相続税法	民法
①**相続開始前7年以内**※**に贈与により財産を取得した者にされた贈与財産のみ** （贈与税の課税価格計算の基礎に算入されるものに限る） ②**「相続時精算課税制度」により贈与されたものは基礎控除部分を除きすべて** ※　令和5年末までの贈与については3年以内	①**特別受益者の相続分の計算** 　年数制限なくすべて加算 ②**特別受益の範囲** ●**遺贈**（遺言で贈与された財産） ●**生前贈与** 　・婚姻のための持参金や支度金 　・養子縁組のための持参金や支度金 　・生計の資本のための贈与（独立資金、住宅取得資金、海外留学資金、他の相続人より高額な学費等も含む） 　・債務引受けにより発生した求償権の放棄 ●婚姻期間20年以上の配偶者への居住用不動産の贈与・遺贈は、特別受益の持戻免除の意思表示があるものと推定され、原則持戻し不要

第8章

民法大改正！もめないための新・相続対策

04

相続開始時における遺産の権利状態

相続が発生して遺言などがないと、不動産は相続人の共有に、
株式は相続人の準共有になります。
債権は相続人が法定相続分によって当然分割した状態になりますが、
預貯金は遺産分割の対象とされます。

相続開始で不動産は共有状態に

　被相続人が所有していた不動産は、遺言で相続又は遺贈される者が特定されていなければ、遺産分割協議が終了するまでは、相続人全員による各人の法定相続分の割合による共有状態になります。共有状態ですから、相続した不動産の売却や、担保の提供には全員一致が必要です。共有不動産が賃貸されている場合には、賃貸借契約の開始や解除は「管理に関する事項」として持ち分が過半数であれば決定することができます。

遺産分割確定までの収入は法定相続

　したがって、遺産分割協議が確定するまでの賃貸料収入は、相続人がそれぞれ法定相続分を取得することになり、仮に一人が集金管理していたとしても、各相続人が法定相続分によって取得することになります。所得税の確定申告をする際はご注意ください。

貸付金等の債権

　相続財産としての債権は、相続人が各自の法定相続分に従い当然に相続するものであって、遺産分割は不要とされています。被相続人の貸付金が2,400万円で、相続人が配偶者と子2人の場合には、配偶者の相続分は2分の1ですから1,200万円、子2人はそれぞれ600万円ずつ当然に取得することになります。相続人全員の同意があれば、遺産分割をすることもできます。

預貯金や郵便局の定額郵便貯金

　預貯金等の金銭債権は可分債権として当然に各相続人に分割して相続されるという最高裁判例があったため、長年、裁判所における遺産分割審判の際には、預貯金を相続財産として取り分を調整する遺産分割を行うことはできませんでした。しかし、平成28年12月に「預貯金を遺産分割の対象とする」とした最高裁決定が出され、その後の相続法改正により、今では預貯金等が遺産分割の対象であることが明文化されています。

　また、郵便局の定額郵便貯金は、郵便貯金法上分割が禁止されているため、法律上の当然分割財産と考えることができず、預貯金と同様遺産分割協議の対象となっています。

●遺言がない時の相続財産の権利状態

不動産	相続分の割合による	共　　有
債　権	相続分の割合による	当然分割 ※1
株式等	相続分の割合による	準 共 有 ※2
債　務	相続分の割合による	当然分割

※1　預貯金は遺産分割の対象。
※2　所有権以外の権利を共同所有する場合の共同所有状態をいいます。

賃貸物件の借入金債務

　債務についても相続分による当然分割とされています。相続税対策として銀行からの借入金で賃貸住宅を取得した場合、賃貸住宅を相続によって取得した者が借入金債務を引き受けるのが一般的です。賃貸住宅の収入で借入金を返済するのですから当然でしょう。債務を引き受けた人が全額返済すれば問題ありませんが、法律では債務は当然分割としていますので、何らかの事情で返済できないと債権者は他の相続人にそれぞれの相続分に対応する債務の返済を求めてくる可能性があります。

　よって、債務引受者以外の相続人は金融機関の了承のもと免責してもらっておくとよいでしょう。

連帯債務も保証債務も相続する

被相続人自身の単独債務は何らかの書類が残っている場合が多く、相続人が相続するか放棄をするかの意思決定をする場合にその存在が問題になることは多くありません。

連帯債務は他の債務者が返済できなくなった場合には、自分の負担部分だけではなく全額に返済義務を負いますので、債務額の確定をすることが困難です。

また、保証債務は、債務者本人が返済できなくなれば債務者の代わりに返済義務を負います。しかも、連帯債務や保証債務は被相続人が保証をしていた事実そのものが不明であることも多く、被相続人が他人の保証人になっていてもその書類が残っていないことが多いのです。

連帯債務や保証債務は、相続人がきちんと把握できないちょっと困った負債となりますので要注意です。

債務弁済義務が明らかな場合は債務控除可

相続税の申告では、相続開始時点で確定している債務しか控除してもらえません。したがって、連帯債務のうち、他の債務者がその債務について相続開始時点で債務を返済できなくなっており、相続税の申告期限に連帯債務者として被相続人の返済義務が明らかである場合にのみ、相続税の申告において債務控除することができます。

保証債務も同様で、相続開始時点で債権者から被相続人に対して、債務者が返済することができないために保証債務の履行を求めることが明らかな場合には、債務者が求償権を履行できないことが確実である場合に限って債務控除が認められます。

相続開始時点で保証債務の履行を求められることが明らかでない場合には、後から保証債務の履行を求められても相続税の債務控除が遡って認められることはありません。被相続人が連帯債務や連帯保証をしていた場合、相続人が相続することになるにもかかわらず債務控除の適用は受けられないのですから、きちんと把握しておかないと非常にリスクが高いので注意が必要です。

第9章

不動産オーナーの
賢い遺言書＆信託活用

01 法定相続分を変更することができる遺言

被相続人が生前、法定相続分と異なる相続をさせたいときは、
遺言によって実現できます。
ただし、遺留分を侵害することはできません。

遺言には一定の要式が必要

　遺言は、15歳以上であり、かつ、これを十分に理解できる能力（意思能力）を有する人間が行うことができ、自分の死後の財産の帰属等を決めることのできる法律行為です。遺言は、民法の定めた方式に従って行わないと効力が認められません。遺言は遺言者の死亡によってその時から効力が生じます。相手方の承認は不要です。

通常の方式は3つある

　遺言には大きく分けて、事故等の緊急時のみ作成できる医師等の立会いなど特殊な条件が必要な特別方式の遺言と、普通方式の遺言があります。緊急事態に限り作成できる特別の方式による遺言は、死亡の危機や船舶の遭難、伝染病による隔離等のきわめて例外的なものです。ここでは通常の方式の遺言の形式について説明します。通常の方式の遺言には、自筆証書遺言、公正証書遺言、秘密証書遺言の3種類があります。

● 遺言の種類

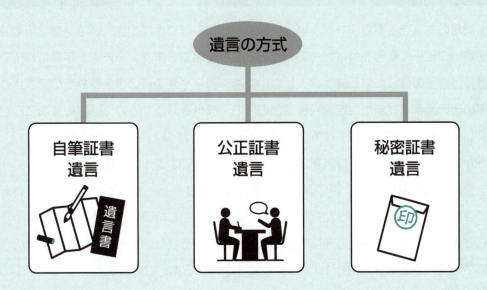

自筆証書遺言とは

　一般的に「遺言」といわれて真っ先に想像するのが、この自筆証書遺言でしょう。自筆証書遺言とは、「自筆証書によって遺言をするには、遺言者が、その全文、日付及び氏名を自書し、これに印を押さなければならない」、「自筆証書（前項の目録を含む。）中の加除その他の変更は、遺言者が、その場所を指示し、これを変更した旨を付記して特にこれに署名し、かつ、その変更の場所に印を押さなければ、その効力を生じない」と、民法で定められている遺言の方法です。

　自筆証書遺言では、遺言者本人が直筆で①遺言の本文、②日付、③氏名のすべてを手書きし、認め印でもよいので押印をすることが必要です。過去の裁判では、他人が手を添えて運筆を助けたものが無効とされています。なお、自筆証書遺言は法律で要式が決まっていますので、遺言者の意思を伝えるものだとしても紙に書かずに録音や映像を残していても、「遺言」としては認められません。

自筆証書遺言のメリット・デメリット

　遺言の本文を手書きすれば、財産目録はパソコン等で作成でき、通帳や登記事項証明書のコピーに番号を付けたものも目録として使用できます。一方で、手軽に作成できる分、その作成に第三者が介入しないため、偽造や変造等のリスクも他の形式より高いといえます。また、自筆証書遺言のうち一部分を訂正する際には変更箇所に印を押し、変更した内容を明記（「第1条1行目1字挿入」等）した上で署名もいるなど、細かな部分まで制約がありますので、作成に当たっては十分な確認が必要です。

　自筆証書遺言は原本1通のみが存在する遺言ですから、誤って破棄されたり、その存在を知られていなかったために、いざ相続が発生した時に発見されないといったことのないように、保管方法についても気を配っておきたいものです。この保管の点について、遺言書保管法が令和2年7月10日から施行されており、すでに全国の法務局で封をしていない自筆証書遺言の保管制度が開始されていますので、この制度を利用することにより原本紛失の危険がなくなるほか相続発生後の検認手続も不要となるため安心できるでしょう。

公正証書遺言とは

　公正証書遺言は、公証人が法律で定められた方式に従って作成する遺言です。作成に当たっては、証人2人以上の立会いのもと、遺言者が遺言の趣旨を公証人に口で伝えるなどの要件があるため、自筆証書遺言に比べると必要な事項が多い遺言です。しかし、今では公証人には事前に文章で作成したい遺言の内容を伝えることが大半です。公証人が作成に関与するため、形式的な面で無効となることはほぼない遺言です。

　遺言作成の手数料を支払う必要はありますが、出張してもらうことも可能なため、意識ははっきりしているが長文を自身で手書きすることができない人でも利用することができます。

　公正証書遺言は検認の手続が不要であり、原本は公証役場で保管されるため紛失のリスクがないという長所があります。また、遺言者の死後には全国の公証役場で検索をかけることができ、発見されやすいこともメリットです。デメリットとしては、遺言をする財産の額によって公証人に支払う手数料が変わるため、資産が多額であると作成費用が高額になり、手数がかかるなどの点があります。

秘密証書遺言とは

　秘密証書遺言は、自筆証書遺言と公正証書遺言の中間的な性質を有する遺言といえるでしょう。作成方法は、遺言者が遺言を作成してそれに署名押印を行い、これを封筒に入れて遺言書に押印したのと同じ印鑑を使って封印して、この封筒を公証人と証人2人の前に提出して、公証人に認証してもらいます。費用は1通11,000円と決まっています。

　秘密証書遺言は、自筆証書遺言とは異なり、本文を含め署名以外の部分は自身で手書きする必要はありませんから、パソコン等で作成することができるため、手軽でより作成しやすい遺言書といえるでしょう。ただ、公正証書遺言や法務局保管を選択した自筆証書遺言とは異なり、秘密証書遺言の原本は1通しか存在しませんから、破棄や未発見のリスク等がありますので、保管方法等については気を遣う必要があります。貸金庫に入れてあり全員の同意が得られず結局はスムーズに相続できず困ってしまった事例もあります。

遺言の内容の範囲

　遺言書により効力を生じさせることのできる法律上の内容は、次のように11項目に特定されています。

① 戸籍に入っていない子の認知
② 未成年の子がいる場合の後見人、及び後見監督人の指定
③ 推定相続人の廃除、及び廃除の取消し
④ 相続分の指定、又は指定の委託
⑤ 遺言の分割方法の指定、又は指定の委託もしくは遺産分割の禁止の指示
⑥ 相続人間の担保責任の指定
⑦ 遺留分侵害額請求の負担の指定
⑧ 遺言執行者の指定、又は指定の委託
⑨ 包括遺贈及び特定遺贈
⑩ 財産の寄付
⑪ 信託の設定

●遺言の種類と特徴

	自筆証書 遺言書	公正証書 遺言書	秘密証書 遺言書
作成方法	①遺言者が、遺言書の本文・日付（作成年月日）・氏名を自書し、押印 ②目録は各ページに署名・押印すれば印字作成可能 （注1）本文を含んだ全文をパソコンで作成したもの、ビデオ撮影、録音などは不可 （注2）証人は不要	①2人以上の証人の立会いの下で、遺言者が遺言の趣旨を口述し、公証人が筆記 ②それを公証人が、遺言者と証人に読み聞かせる（又は閲覧させる） ③遺言者及び証人が、筆記が正確であることを承認後、各自、署名・押印 ④公証人が、その遺言書が定められた方式によるものである旨を付記し、署名・押印	①遺言者が、遺言書に署名・押印後、遺言書を封じ、同じ印で封印 ②遺言者が、公証人及び2人以上の証人の前に封書を提出し、自己の遺言書である旨及びその筆者の住所・氏名※を申述 ③公証人が、遺言書の提出日と上記②の申述を封書に記載後、遺言者及び証人とともに署名・押印 ※　遺言者の代筆者がいる場合は、その者の住所・氏名
作成場所	自　由	原則として公証役場	作成した封書を 公証役場に持参
保管場所	規定はない 令和2年7月10日から法務局における保管制度開始	公証役場	規定はない
家庭裁判所の検認	法務局保管の場合は不要 それ以外の場合は必要	不　要	必　要

02

自筆証書遺言の賢い活用法

自筆証書遺言について大きな改正が行われ、自筆証書遺言は
簡便に書ける上、財産目録は印字でもよいとされ、
法務局での保管制度も始まっています。
便利で安全になった自筆証書遺言を賢く活用しましょう。

自筆証書遺言の要件緩和

　自筆証書遺言は、改正前の相続法においては、遺言全文、署名、日付のすべてを自分で手書きした上で押印する必要があり、目録等に至るまで自分の手で書かなければ無効となってしまうものでした。

　これらを改善する見直しが行われ、平成31年1月13日から施行されています。

　平成31年1月13日以後においても、自筆証書遺言の内容である本文自体は全文を手書きする必要がありますが、目録等は印字した紙面の1枚ずつ（目録が両面になっている場合は各面ともに）に署名・押印をすれば有効です。「目録」とは、遺言者自身や依頼を受けた専門家が文書作成ソフト等で作成したものを印刷するほか、不動産の登記全部事項証明書や預金通帳の中表紙のコピー等に番号を付して1枚ごとに署名・押印し、この番号を遺言書本文と対応させる方法等もあります。別紙目録等を印刷で作成することで、詳細な内容の自筆証書遺言を作成することが簡単になったのです。

法務局での保管制度の開始

　改正前の自筆証書遺言は、手書き要件の厳しさや修正の厳格性から無効になるリスクがあり、さらに原本が1通しかないため遺言が誤って破棄されたり、発見されないままになってしまい、結果として遺言の内容が実現できないこともありました。

　この問題に対処するため、封をしていない自筆証書遺言を法務局で保管する制度が整備されました。自筆証書遺言の作成後、本人が法務局にこの遺言書を持参した上で手数料を支払い、本人確認を受けた後、法務局でこれを原本とともにデータ化をして保管するというものです。相続人や受遺者は遺言者の死亡後に保管しているデータ化された遺言事項を証明する書面の交付を請求できます。

　この制度を利用した場合には、法務局で本人確認がされているため、その自筆証書遺言がそもそも全くの偽造であるという紛争は避けられるでしょう。

　さらに、法務局に保管された自筆証書遺言については、家庭裁判所での検認手続を除外されるため、確実性の面では公正証書遺言に近づき、安全で便利な遺言の方法となっています。この保管制度は、令和2年7月10日から施行されています。

自筆証書遺言書保管制度の手数料一覧

申請・請求の種別	申請・請求者	手数料
遺言書の保管の申請	遺言者	1件につき、3,900円
遺言書の閲覧の請求（モニター）	遺言者 関係相続人等	1回につき、1,400円
遺言書の閲覧の請求（原本）	遺言者 関係相続人等	1回につき、1,700円
遺言書情報証明書の交付請求	関係相続人等	1通につき、1,400円
遺言書保管事実証明書の交付請求	関係相続人等	1通につき、800円
申請書等・撤回書等の閲覧の請求	遺言者 関係相続人等	一の申請に関する申請書等又は一の撤回に関する撤回書等につき、1,700円

●遺言書の様式の注意事項

以下は，本制度で預かる遺言書の形式面での注意事項です。
遺言書保管所においては，遺言の内容についての審査はしません。
遺言の内容等についてご不明な点がある場合は，弁護士等の
法律の専門家にあらかじめご相談ください。

```
              ┌─── 余白５ミリメートル以上 ───┐

                       遺 言 書

           1  私は，私の所有する別紙1の不動産を，長男遺言一郎（昭和○年○月○
              日生）に相続させる。
                              預貯金
                               印
           2  私は，私の所有する別紙2の(不動産)と，次の者に遺贈する。
              住  所  ○○県○○市○○町○丁目○番地○
              氏  名  甲山花子
              生年月日  昭和○年○月○日

           3  私は，この遺言の遺言執行者として，次の者を指定する。
              住  所  ○○県○○市○○町○丁目○番地○
              職  業  弁護士
              氏  名  東京和男
              生年月日  昭和○年○月○日


           令和2年7月10日
              住所  ○○県○○市○○町○丁目○番地○

                       遺 言 太 郎      印


           上記2中，3字削除3字追加  遺言太郎
                                        1／3

              └─── 余白１０ミリメートル以上 ───┘
```

余白５ミリメートル以上（左右）
余白２０ミリメートル以上（左）

財産の特定のためには，遺言書に財産目録を添付いただいた方が確実です。

推定相続人（相続が開始した場合に相続人となるべき者）には「相続させる」又は「遺贈する」と記載します。

※推定相続人に対して，財産を「相続させる」旨の遺言をする場合は，遺言書の保管申請書の【受遺者等・遺言執行者等欄】に受遺者として，記載する必要はありません。

※推定相続人に対して，財産を「遺贈する」場合は，遺言書の保管申請書の【受遺者等・遺言執行者等欄】に受遺者として，その氏名等を記載してください。

推定相続人以外の者には「相続させる」ではなく「遺贈する」と記載します。

※推定相続人以外の者に対して，財産を「遺贈する」場合は，遺言書の保管申請書の【受遺者等・遺言執行者等欄】に受遺者として，その氏名等を記載してください。

※遺言執行者については，推定相続人であっても遺言書の保管申請書の【受遺者等・遺言執行者等欄】にその氏名等を記載してください。

署名＋押印が必要です。押印は，認印でも問題ありませんが，スタンプ印は避けてください。

遺言者の氏名は，住民票や戸籍の記載どおりに記載してください。

※ペンネーム等の公的書類から確認できない記載では，お預かりすることができません。

文字の変更・追加がある場合は，その場所が分かるように明示して，変更・追加の旨を付記して署名し，変更・追加した場所に押印をする必要があります。

※変更・追加等がある場合には，書き直すことをおすすめします。

※修正テープ，修正インクで修正しないでください。

作成日付は，遺言書を作成した年月日を具体的に記載する必要があります。「○年○月吉日」などの記載は不可です。

- ●用紙は，Ａ４サイズで，文字の判読を妨げるような地紋，彩色等のないものを使ってください。
- ●財産目録以外は全て自書する必要があります。
- ●長期間保存しますので，ボールペン等の容易に消えない筆記具を使ってください。
- ●余白を必ず確保し，ページ数や変更・追加の記載を含めて，余白部分には何も記載しないでください。
- ●片面のみを使用し，裏面には何も記載しないでください。契印も不要です。

（出典：法務省民事局「自筆証書遺言書保管制度のご案内」）

第9章　不動産オーナーの賢い遺言書＆信託活用

●自書によらない財産目録の例

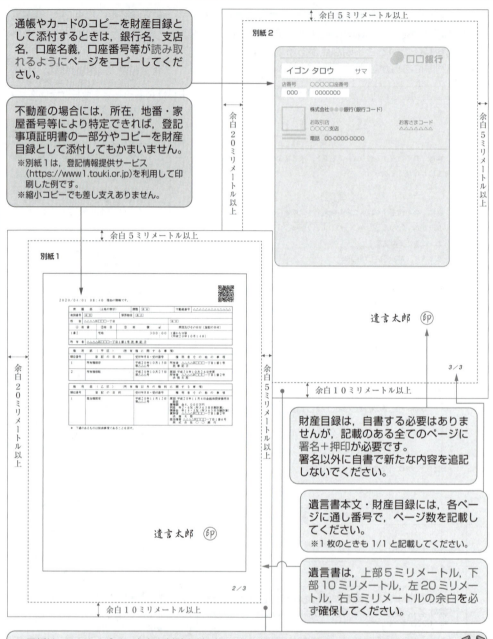

（出典：法務省民事局「自筆証書遺言書保管制度のご案内」）

03 遺言の限界と遺留分

遺言でも侵害することのできない「遺留分」があります。

相続人は遺留分を侵害する遺贈や相続分の指定、

生前贈与等に対しては、遺留分侵害額請求を行うことにより、

遺留分の限度で代償金等を取得することができます。

遺留分とは

　民法では相続分の割合を法律で定めていますが、遺言の自由も認め、被相続人が自己の相続開始前に誰にどの財産を相続させるかを自由に決めることも認めています。しかし他方において「一定の相続人のために法律上遺留されるべき相続財産の一定部分」である遺留分を認め、兄弟姉妹以外の法定相続人には最低限の取得分を認めています。

　その遺留分の割合は、父母等の直系尊属のみが相続人の場合は相続財産の３分の１、それ以外の場合は２分の１となります。兄弟姉妹やその代襲相続人（甥や姪）には遺留分が存在せず、兄弟姉妹は被相続人の行った生前贈与や遺贈については、遺留分侵害額請求を行うことができません。

　具体的な遺留分割合をケースごとに分類すると、248ページのとおりになります。

●遺留分割合

	配偶者の遺留分	血族相続人全体の遺留分
①配偶者のみが相続人である場合	$\frac{1}{2}$	なし
②子のみが相続人である場合	なし	$\frac{1}{2}$
③直系尊属のみが相続人である場合	なし	$\frac{1}{3}$
④兄弟姉妹のみが相続人である場合	なし	なし
⑤配偶者と子が相続人である場合	$\frac{1}{4}$	$\frac{1}{4}$
⑥配偶者と直系尊属が相続人である場合	$\frac{1}{3}$	$\frac{1}{6}$
⑦配偶者と兄弟姉妹が相続人である場合	$\frac{1}{2}$	なし

※　複数の血族相続人がいる場合は、立場が同じもの同士の間では遺留分が等しいものとして頭数によって計算する。

遺留分侵害額請求の方法とは

　遺留分侵害額請求は、遺留分権利者が、相続が開始したことと遺留分を侵害する贈与や遺贈があったことの両方を知った時から1年以内に行わなければ時効によって消滅します。また、相続開始から10年が経過すれば、事情の如何を問わず遺留分侵害額請求権を行使することができません。

　遺留分侵害額請求にはこのような厳しい時間的な制約がありますので、期間内に権利を行使したことを後から確実に証明できるようにしておくことが重要です。配達証明付き内容証明郵便によって相手方である受贈者や受遺者に通知を送っておけば、後から通知をしたか否かでもめるリスクが減少します。

遺留分侵害額請求権
の消滅時効の起算点

①相続の開始を知った時

+

②贈与又は遺贈の事実を知った時

+

③贈与又は遺贈が遺留分を侵害する事
実を知った時

現物で遺留分侵害額を払うと譲渡所得税

　令和元年7月1日以後の相続から、遺留分の原則と例外を逆転させ、遺留分減殺請求権が「遺留分侵害額請求権」に名称変更されました。これにより遺留分は原則として金銭による代償請求とされ、受遺者等からの別段の意思表示があった場合にのみ現物財産に権利を生じさせることになりました。

　税務においては、遺留分侵害額請求の規定による遺留分侵害額に相当する金銭の支払い請求があった場合において、金銭の支払いに代えて、その債務の全部又は一部の履行として資産の移転があったときは、原則として、遺留分債務者はその履行があった時においてその履行により消滅した債務の額に相当する価額によりその資産を譲渡したものとされます。つまり、現物で遺留分侵害額を払うと、その現物を侵害額相当額で譲渡したものとみなされ、譲渡所得税がかかることもありますので、ご注意ください。

遺留分侵害額請求の対象

　遺留分を計算するには、まず算定の基礎となる財産を被相続人の積極財産、消極財産や生前にした贈与等から計算し、これに対して相続人ごとに法律で定められた遺留分の割合をかけて求めます。

　「遺留分算定基礎となる財産」は、以下の算式によって計算します。

> **相続開始時の積極財産＋贈与した財産の価額－債務の全額**
> 特別受益を含む

　相続開始時の積極財産には、相続開始時に存在した不動産や預貯金等のプラス財産のほかに遺贈や死因贈与契約によって処分が決まっている財産が含まれます。

特別受益となる贈与に注意

　贈与には以下のものが該当し、遺留分算定の基礎財産に含まれます。

　遺留分額の計算は、遺贈等遺言に書かれた内容だけでなく、被相続人が生前に行った贈与によっても影響を受けます。特に相続人に対する贈与は生計の資本等に該当するとされ、たいていの場合特別受益とされます。

　ただし、全財産や全財産の過半数の贈与を行っていた場合等には、「遺留分を侵害することを知ってした贈与」として年数制限なく持戻しの対象となる可能性があるため注意が必要です。

相続人に対する贈与	原則10年以内のもの。なお、遺留分を侵害することを知ってした贈与であれば、期間の制限はない。
相続人以外の者に対する贈与	原則１年以内のもの。なお、当事者双方が遺留分を侵害することを知ってした贈与であれば、期間の制限はない。

遺留分計算の注意点

　遺留分の基礎財産に含まれる贈与の価額は、受贈者の行為によってその財産が滅失したり、価額の増減がある場合でも持ち戻す価額は贈与された財産の相続時点での価額です。例えば、地価の低いときに土地を、株価の低いときに株式を贈与しても、遺留分計算時の価格は相続開始時のその土地や株式の時価ですので、値上がりしていれば反映されますし、建物を贈与した場合は通常は相続開始時には経年劣化によって値下がりしていますので、遺留分額計算上は贈与時より安いものとして反映されます。

　遺留分算定基礎財産に遺留分権利者の遺留分割合を掛け算して、その遺留分権利者の遺留分額が計算されます。ただし、遺留分権利者は、この遺留分の全額について、受遺者等の遺留分を支払うべき者（遺留分義務者）から支払を受けられるわけではなく、遺留分額から次の表の金額を引き、遺留分権利者が相続により承継することになった債務の額を足した残額を請求することになります。

●遺留分額から差し引く金額

①	遺留分権利者（自身）の受ける遺贈の価額
②	被相続人から遺留分権利者が受けた特別受益に当たる贈与の価額（年数制限なし）
③	遺言の対象となっていないなどで、遺留分権利者が遺産分割に参加する財産から取得することのできる、遺留分権利者の具体的法定相続分

　よって、遺留分権利者が実際に受け取ることのできる遺留分の計算は、次の算式のとおりです。

> 遺留分算定基礎財産×遺留分権利者の遺留分割合
> 　　　－上記の①〜③の合計＋遺留分権利者の承継する債務の額

　なお、10年以内の贈与しか遺留分算定基礎財産に含まれないにもかかわらず、遺留分計算で控除される特別受益には年数制限がないことにご留意ください。

遺留分を侵害する遺言は作成できるのか

　遺留分を侵害するような遺言はそもそも作成することができないと思っている人もいるようですが、これは思い違いです。遺留分を侵害するような内容の遺言書を作成したとしても、侵害された遺留分権利者から遺留分侵害額請求権を行使されるだけで、遺言自体が無効になることはありません。専門家に相談した際に遺留分を侵さない遺言にすることを勧められるのは、残された相続人等に遺留分侵害額請求をされるという負担を残さず、裁判まで至る可能性を可能な限り低くしておくためです。

　ただし、相続人の中に行方不明者がいる場合の遺言や、わざわざ生前に推定相続人に遺留分放棄をしてもらった場合の遺言にまで遺留分を確保する必要はありません。相続人間の関係やこれまでの経緯、多くを遺される相続人が遺留分侵害額請求を受けても構わないと覚悟をしているかという個別の事情を踏まえて遺言の内容を考えることが大切です。

遺留分侵害額請求への対策

　特に遺留分を侵害する内容の遺言を遺す場合には、多くの財産を取得する相続人が他の相続人に支払う代償財産を用意しておくことが重要です。遺留分侵害額請求を受けた際には、現金として支払うことのできる財産、つまり預貯金等の流動資産が必要になりますので、流動資産として遺産の確保が重要です。単に遺言をするだけでなく、生命保険等を活用した代償財産の確保にも気を配って紛争が起こらない相続を実現してください。

04 家族信託の仕組み

信頼のできる家族に不動産や預金を託す信託のことを
「家族信託」といいます。
また、配偶者の死亡後の遺産の行き先を確定するため、
受益者連続型信託を活用します。

家族信託の仕組み

　信託は、所有している財産の管理・処分を自分以外の誰かに委託し、委託を受けた
受託者が実際にその管理・処分等を行い、その処分等から生じた利益は受益者に帰属
するという仕組みです。「家族信託」というときには親族が受託者となる場合をいい、
自益信託を使うことが多くなっています。高齢者になった親が不動産の管理・処分等
を子に任せたいときに、この家族信託を活用します。

● 家族信託のイメージ

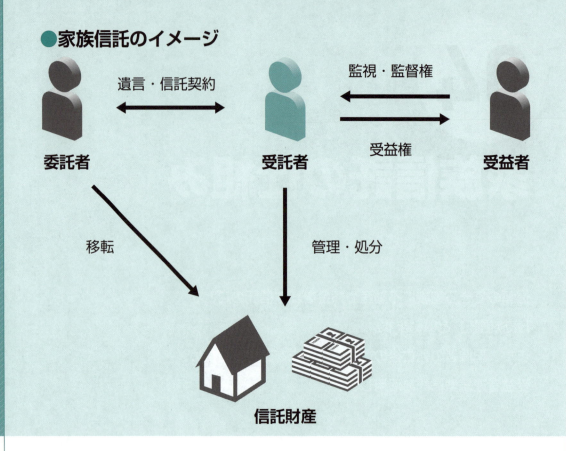

信託を受けた資金で賃貸住宅を建てた場合

　将来の収入を確保するため、親の要望により、受託者となった子が委託者である親から受託された資金で、賃貸住宅を建築して賃貸住宅経営を行うことが信託契約の内容であったとします。この場合、信託契約に基づいて行う建物の取得ですので、登記簿の権利部所有者は受託者である子となりますが、信託されて取得したことが表記され、信託契約に基づく建物の取得であるという信託目録の内容が記載されます。

賃貸住宅の収益と相続税

建物から生ずる収益は当然に受益者である親のものですから、賃貸収入から建物の減価償却費や諸費用及び管理費用を差し引いた収益は親の不動産所得として申告することになります。親が死亡したときには、建物は親の財産として通常の建物の評価、つまり、固定資産税評価額を基に借家権割合×賃貸割合を控除して評価されます。土地は貸家建付地として評価されることも親が直接保有している場合と変わりません。信託契約で次の受益者を孫としているときは、この不動産を孫が遺贈により取得したとみなされ、相続税が課税されます。

このように家族信託は、信託契約後の将来に委託者かつ受益者が法的な意思決定をできなくなった場合でも、法律で定められた信託契約によって受益者の手元に収益がきちんと分配されます。しかし、受託者である家族により信託契約による目的がしっかりと実行され、その後分別管理され、忠実に、かつ、的確な注意を払って管理・処分されて、はじめて安心できる制度といえるのです。

信託を活用して次の相続まで確定する

遺言にせよ、養子縁組にせよ、配偶者の同意がなければ次の相続を完全に指定することは難しいでしょう。これまではあまり行われていなかったのですが、この要件をクリアするために、「信託」という方法を使うとそれが可能になります。

この信託制度を活用し委託者として、配偶者に相続させたい財産について信託契約を締結しておきます。その信託契約では、委託者が死亡したときに配偶者が、その信託財産の受益者となることを定めておきます。この信託契約を締結すると、あなたが死亡した場合には、その信託契約を締結した財産は配偶者が受益者として、その財産から得られる利益を取得することができます。例えば、委託者の貸地の地代や貸家の家賃を受け取ることも、自宅を自由に使うこと（使用収益）も可能です。これにより、配偶者は委託者の財産を相続したのと同じ状態になります。

受益者連続型信託の仕組み

信託法ではさらに受益者が死亡すると、その信託受益権が消滅して、他の者が新たな受益権を取得する定めをすることができます。つまり、受益者が死亡すると、順次、他の者が受益権を取得することを定めることができるのです。あなたが配偶者に財産を与えるために信託契約を締結して、その受益権を配偶者が取得するようにすれば、配偶者は信託契約を締結した財産のいわば所有者としての権利を行使することができます。

そして、配偶者が亡くなった後は、この受益権を配偶者の相続人が相続するのではなく、あらかじめ指定していた者、例えば、甥や姪たちが受益権を取得する旨を定めておけば、いったん配偶者に帰属した委託者の財産が配偶者の死亡により、再び委託者の血族に戻ってくることになるのです。この信託を「受益者連続型信託」といい、受益者の死亡により順次受益者が連続して行き、信託契約から30年を経過した時点以降に新たに受益者になったものが死亡するまで、信託が継続するものです。「後継ぎ遺贈型信託」ともいいます。

信託を活用した場合の課税関係

受益者連続型信託を設定して、順次受益者を契約で定めておけば、受益者の死亡により、次から次へと受益者が引き継がれていくことになります。例えば、受益者である配偶者の死亡後、甥を受益者と定め、甥の死亡後、甥の子を受益者と定めた信託を設定していた場合の課税関係を説明します。

配偶者が亡くなった時には委託者はとっくに亡くなっているので、現行の相続税では対応できないことになるため、配偶者から甥が信託受益権を遺贈により取得したとみなされて相続税が課税されます。

次に、甥が亡くなった時には、委託者から甥の子が信託受益権を取得したことになるのですが、同様に甥の子に対しては甥から遺贈により取得したものとみなされて相続税が課税されます。

相続税の増減はない

まず、委託者の受益権を配偶者が取得し、それについては配偶者が委託者から遺贈されたものとみなされ相続税がかかり、次に配偶者の受益権を甥が取得し、それについては甥が配偶者から遺贈されたものとみなされ相続税がかかり、最後に甥の受益権をその子が取得し、それについては甥の子が甥より遺贈されたものとみなされ相続税がかかるのです。受益者連続型信託を設定したとしても、3代にわたり死亡に伴い受益権が移転するので、相続税の計算上は3代にわたり、順次その財産を相続したときと全く同じとなります。

信託になっても、相続税が二重に課税されたり、大きく増えたりしないのですから非常に安心です。この方法なら配偶者にも喜んでもらえ、配偶者亡き後甥たち血族に財産が戻ってくるので、最適な方法だと思われます。遺言書の代わりに検討されるとよいでしょう。

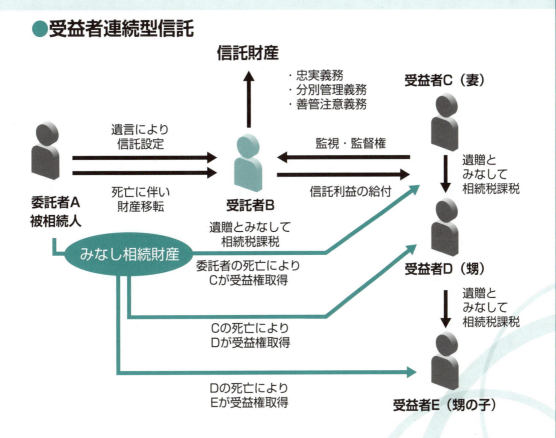

●受益者連続型信託

●受益者連続型信託の活用例

	ケース	第一次の目的	第二次の目的
①	夫婦に子がいない場合	妻に財産を残す	妻死亡後は自分の血族に財産を渡したい場合
②	後妻との間に子がいない場合	妻の生存中は妻に財産を残す	妻死亡後は先妻の子に財産を渡したい場合
③	会社経営と事業承継の場合	長男に事業を承継させる	長男死亡後は次男に事業承継させたい場合

第10章

相続税で困らないための対策

01

遺産分割協議が
確定しないデメリット

遺言がなければ相続人全員一致による遺産分割協議の
成立によって各相続人の取得する財産が確定します。
申告期限までに遺産分割協議が整わないと相続税の
各種特例の適用なしで申告納税が必要となります。

全員一致であればどのような分割でも可能

　民法では各相続人の相続分を法定しています。そうすると、相続人は法定相続分どおりに相続しなければならないのでしょうか。

　子が3人で長男が農業を引き継ぎ、長女は他家に嫁ぎ、次男は会社勤めで独立している。財産の大部分が農地で、その農地を全部相続しないと農業経営が成り立たないという例もあります。このような場合、農地をすべて長男が相続し、長女と次男はわずかな預貯金だけを相続することで合意して遺産分割協議を終えればよいのです。もっとも最近は相続人全員が平等であるという意識が強くなっており、このような合意をしにくくなっているのも事実です。

遺産分割の方法

遺産分割には次の３つの方法があります。

現物分割	相続財産を実際のもので分割する方法です。農地をすべて長男に、A銀行の定期預金を長女に、B郵便局の定額郵便貯金を次男に相続させるという方法です。
換価分割	現物での分割が困難な相続財産について、競売や任意売却によって換価処分し、売却代金を相続人が受け取る方法です。譲渡所得に税金がかかることもあり、慎重に行う必要があります。
代償分割	特定の相続人が相続分を超える価額の現物を取得し、他の相続人に代償金を支払う方法です。財産の大部分を占める農地を相続した長男が、長女と次男に自己所有している預貯金から500万円ずつ金銭で渡すといった方法が代償分割です。

分割協議がまとまらない場合の調停

遺産分割協議がまとまらない場合には、通常、家庭裁判所に調停の申し立てをします。調停は家事審判官と調停委員２名が、申立人とその相手方との話し合いを進めることになります。相続人全員が合意すれば、法定相続分と異なる内容であっても成立することになります。

調停が成立しなければ審判官が決定

合意できなければ、遺産分割の審判手続きが開始されます。審判は調停とは異なり、当事者間の合意を根拠に遺産分割を行うのではなく、家庭裁判所における審判官の判断で遺産分割の内容が決定されます。審判においては、民法の規定する法定相続分に従うことが求められ、それを無視した遺産分割審判はできないものとされています（最高裁判所事務総局家庭局）。したがって、柔軟な解決は困難になることを覚悟しなければなりません。

相続税申告期限に遺産分割が未了の場合

　遺言書がなく、相続開始を知った日の翌日から 10 か月以内の相続税の申告期限までに相続人全員による遺産分割協議が調わない場合には、配偶者の税額軽減などの特例規定の適用ができないこととされています。例えば、次のような特例の適用を受けることができた場合には、相続税額の納付がほとんど必要ないにもかかわらず、遺産分割協議が調わなかったために多額の納税をせざるを得なかったということもあります。

①配偶者に対する相続税額の軽減
②小規模宅地等についての課税価格の計算特例
③特定計画山林についての課税価格の計算特例
④農地等についての相続税の納税猶予
⑤非上場株式等についての相続税の特例納税猶予
⑥山林についての相続税の納税猶予
⑦医療法人についての相続税の納税猶予

申告期限後３年以内分割見込みの届出

　相続税の申告期限に分割されていない財産について、分割後に上記①から③までの特例の適用を受けようとするときは、申告書にその旨、分割されていない事情及び分割の見込みの詳細を記載した「申告期限後３年以内の分割見込書」を提出する必要があります。その後、相続税の申告期限から３年以内に遺産分割協議が調えば、分割が行われた日の翌日から４か月以内に更正の請求手続きをすることによって①から③までの特例の適用を受けることができます。

　また、調停等を行っている等法的にやむを得ない事由がある場合に限り、申告期限後３年を経過する日の翌日から２か月以内に「遺産が未分割であることについてやむを得ない事由がある旨の承認申請書」を提出した場合には、３年という制限期間をさらに延長することができます。

02

遺産分割が確定しないと相続税上不利に

遺産分割が確定しないと相続税法上の有利な特例が
受けられません。配偶者の税額軽減と小規模宅地等の
特例は3年以内に分割が確定すれば更正の請求ができます。
もめそうな場合は遺言書を書いておきましょう。

遺産分割が未了だと特例が受けられない

　課税の側面から判断すると、遺産分割が確定しないと相続税を払わないでよいとするわけにはいきません。そこで、相続開始を知った日から10か月以内に、遺産分割の確定にかかわらず、相続人等は相続税の申告をしなければなりません。

　よって、遺言書などがない相続においては、分割協議が確定せず遺産が法定相続による共有状態となり、単独では遺産の利用が制限され、納税資金の準備が困難であるにもかかわらず、相続税を納めなければならないという悲惨な状態になります。

　その他にも遺産分割が確定しないと、税務上の取扱いが264、265ページのように不利になります。

配偶者の税額軽減制度

　配偶者は相続税法上優遇されており、配偶者の課税価格が法定相続分（法定相続分の割合が1億6,000万円に満たないときは1億6,000万円）以下であれば、特例により税額が軽減され相続税がかかりません。どんな巨額の相続をしても、配偶者であれば相続税の心配がいらないといわれているゆえんです。

　ただし、相続税の申告期限までに遺産分割が確定していなければ、配偶者の税額軽減の特例適用を受けることができず、全額を納税しなければなりません。申告期限から3年以内に遺産分割が確定した場合には、更正の請求をすることにより、配偶者の税額軽減にかかる相続税の還付を受けることができます。

　分割協議がまとまらず、申告期限から3年経過してしまった場合には、やむを得ない場合を除き、配偶者の税額軽減の適用を受けることができません。2分の1以上の相続税額の軽減措置をフイにするのですから、配偶者にとっては後悔してもしきれないでしょう。

小規模宅地等の特例

　被相続人が所有している宅地のうち、被相続人又はその生計一親族が、居住している又は事業している、もしくは過半数の株式を親族が保有する同族会社が事業している敷地については、一定の条件、規模で「小規模宅地等の特例」という規定が設けられており、相続税の評価額が大きく減額されます。

　配偶者の税額軽減の特例と同様、この小規模宅地等の特例についても、相続税の申告期限までにその適用を受ける宅地などについて遺産分割が確定しなければ、適用を受けることはできません。また、遺産分割が3年以内に確定した場合には、相続税の還付を受けることができますが、申告期限から3年経過しても分割が確定しない場合には、やむを得ない場合を除き、土地所有者にとって最大の節税であるこの特例の適用を受けることができないのですから、非常に残念なことです。

農地等の納税猶予制度の特例

　三大都市圏の特定市の市街化区域内の特定生産緑地とそれ以外の区域の農地等については、相続税の申告期限までに対象となる農地を取得し、かつ、農業経営を開始するなどの厳しい種々の要件を満たせば、本来の相続税額とその農地などを農業投資価格という非常に低い相続税評価により計算した相続税額との差額が、納税者が亡くなるまで猶予されます。

　申告期限までに遺産分割が確定しなかった場合には、この農地等の納税猶予の特例の適用を受けることができず、配偶者の税額軽減特例や小規模宅地等の特例とは異なり、申告期限から３年以内に遺産分割が確定したとしても納税猶予特例の適用による相続税額の還付を受けることはできないのです。生産緑地や調整農地は農業以外に使途のない土地ですから、この特例の適用を受けることができるかどうかは死活問題で、まさに申告期限までの一発勝負です。

非上場株式等の特例納税猶予制度

　遺産分けや納税のことを考えると、相続して一番困るのは、非上場株式等でしょう。そのために、後継者の取得した株式にのみ、特例承継計画の提出を要件に相続税の特例納税猶予制度の適用を受けることができます。

　しかし、これには厳しい要件があり、特に納税猶予を適用できる後継者は、相続発生後５か月を経過する日までに代表権を有すること等とされています。

　要件を充足している場合に限り、経営承継相続人が取得した株式等について納税猶予を受けることができるのですから、申告期限までに遺産分割協議が調わなかった場合はもちろんのこと、５か月以内に代表者になっていなければならないこと等を考慮すると、早い段階で遺産分割が完了していないと納税猶予を受けることができないリスクがあります。

申告期限までの国等への贈与は非課税

　相続税の申告書の提出期限までに相続又は遺贈により取得した財産のうち、国・地方公共団体、又は特定公益増進法人や特定認定NPO法人等に対し贈与したものについては、相続税がかかりません。ただし、この贈与により贈与した人やその親族等の相続税や贈与税の負担が不当に軽くなる場合は除かれます。相続財産のうち自分に必要のない遊休財産があれば、それらを「世の中の役に立つ」ように贈与し、必要な財産だけを残しておけば、余分な相続税を払わなくて済みます。

　なお、この贈与には「ふるさと納税」も対象となっています。

　この寄附を検討されているご家族は、この非課税特例を活用できるよう申告期限までに遺産分割を確定し、自分たちの温かい想いを実現できるように、生前に細かい点まで決めておく必要があります。

遺産分割協議はなるべく早く確定する

　相続税の申告期限までに遺産分割協議が確定しない場合には、前述のような相続税法上の特例の適用を受けることができず不利益を被ることになります。相続人一同でよく話し合い、申告期限内に分割協議を確定したいものです。遺産分割協議が調わないときには、特例を適用しない多額の納税資金の準備をする必要もあります。

　ただし、その分割されていない財産が、①申告期限から３年以内に分割された場合、又は②３年以内に分割できないことについてやむを得ない事情がある場合等の事由に該当したために、申告期限内に分割できなかったことにつき税務署長の承認を受けた場合には、その分割が行われた日の翌日から４か月以内に更正の請求を行うことにより、配偶者の税額軽減制度及び小規模宅地等の特例の適用を受け、相続税額の還付を受けることができますのでご安心ください。

3年以内にまとまらないとき

　相続税の申告期限までに分割が確定しないとしても、3年以内には分割協議を終えたいものです。また、なかなか結論が出ない場合においても、3年以内には家庭裁判所に調停や審判の申出をする等をして、やむを得ない事情であることを明らかにし承認申請書を提出して、税務署長の承認を得ておくことが重要です。

　分割が確定しないからといって諦めずに粘り強く交渉を続け、法的にやむを得ない事情があるとしておくことが、特例を適用できる必須条件です。

遺言で特例適用を確保する

　自分の相続人たちが遺産分割をスムーズに終えることができない懸念があるなら、遺言書を作成しておくことが相続税法上の有利な特例を適用できる確実な方法です。遺言書があればとにもかくにも遺産の取得者が決まりますので、たとえ後から遺留分侵害額請求をされたとしても、遺留分相当額を支払えば事足りるからです。ぜひ、ご一考ください。

03 相続に有利な 生命保険契約

非課税枠の死亡保険金の確保は納税対策となるので、
両親分を確保するとともに、受取人は子にしておきます。
非課税枠を超える保険金は、保険料相当額を贈与して、
子の一時所得として受け取るプランが有効です。

贈与と同じ、毎年の保険料の支払

　相続税対策のための現金贈与も多額になると、贈与税の負担が大きくなります。現金贈与のみならず、生命保険契約に加入して相続税対策をするというのはいかがでしょうか。被相続人本人が自分を被保険者とする保険契約に加入しておくと、自分が亡くなったときに多額の死亡保険金が支払われるほか、一定要件のもと、相続税の非課税規定の特例があります。

　生命保険契約の死亡保険金を受け取った場合、誰が保険料負担者なのか、誰が保険金受取人なのかによって課税関係が異なります。保険料負担者と被保険者が被相続人である場合、受け取った死亡保険金は、「みなし相続財産」として相続税が課税されます。しかし、残された遺族の生活保障という観点から、その死亡保険金の受取人が相続人である場合には、受取金額のうち次の算式による一定金額については、相続税が課税されません。

〈死亡保険金の非課税特例〉

500万円 × 法定相続人の数 ＝ 非課税限度額

（注１）法定相続人の数は、相続の放棄がなかったものとして計算します。
（注２）養子がある場合には、実子がいれば１人、実子がいなければ２人までしか法定相続人の数に
　　　加えることはできません。

　例えば、両親と子３人の５人家族の場合に、父が死亡したことによって、相続人が
受け取った死亡保険金については、2,000万円まで相続税がかからないのです。

資産家の場合、受取人は配偶者を避ける

　配偶者については相続税額の軽減措置があり、法定相続分まで又は１億6,000万
円までならば、配偶者が財産を相続したとしても相続税がかからず、心配はいりません。
　一方、子の立場に立つと、父親が亡くなったとき（１次相続時）に相続税を払い、
また父親から遺産の２分の１を相続した母親が亡くなったとき（２次相続時）に、も
う一度相続税を払わなければならず、両方の対策を考えなければなりません。そう考
えると、相続税のかからない生命保険金は相続税のかからない配偶者ではなく、相続
税を払わなければならない子が受け取るべきでしょう。ほとんどの場合、生命保険金
の受取人は配偶者になっていることが多いのですが、相続税のことを考えると、受取
人は配偶者以外の相続人にすべきでしょう。

1次相続だけでなく、2次相続にも備える！

　子にとっては1次相続と2次相続の両方を考えなければなりません。ぜひ、生命保険のこの非課税枠は父親の相続にも母親の相続にも活用したいものです。両親と子3人の5人家族の場合は、次のようになります。せっかくの非課税枠の特典をダブルで活かしてください。

　この場合、非課税枠の活用により無税で3,500万円の現金を相続人に移転することができます。したがって、この生命保険に加入することは、110万円の贈与を約32年間（3,500万円÷110万円≒31.8年）行うのと同じ効果があるのです。

●生命保険の非課税枠（1次相続及び2次相続）

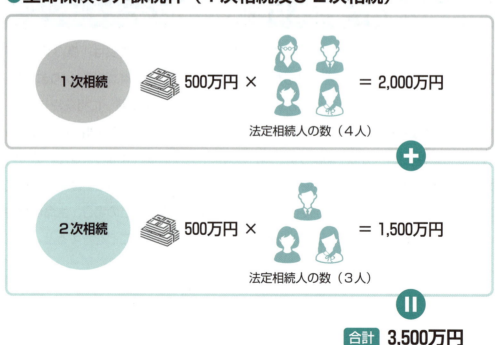

一時所得による保険契約で納税資金を確保

非課税枠を超える死亡保険金には相続税がかかりますので、資産家の多額の生命保険金は節税にはなりません。子が保険料を負担し、親を被保険者とする一時所得プランを活用した生命保険契約の方が節税効果があります。

このプランによると、将来予想される相続税の納税資金の不足額に見合った保険契約の保険料を子が負担すればよいのですが、子にその原資が不足している場合には、必要な額を毎年、親から子に贈与するとよいでしょう。子がその贈与を受けたお金で親を被保険者とする保険契約に加入すれば、納税資金計画のできあがりです。

この所得税の負担ですが、高額な保険金であっても、「保険金額－支払保険料－50万円」の2分の1が課税所得とされますので、最高税率55%が適用されたとしても、27.5%以下の税負担ですみます。毎年払う贈与税とこの所得税等を合算した実効税率と相続税の税率とを比較して、低い方の実効税率以下の範囲内で贈与するとよいでしょう。

既存保険契約も見直しを

高額の生命保険にすでに入られている資産家のなかには、「しまった。やり直したい」と思う方もおられます。生命保険契約は一度契約すると、被保険者の変更はできませんが、保険金受取人や契約者自体の変更はできますので、今からでも一番有利な形に変更するとよいでしょう。

すでに掛けてきた保険料についてはやり直しも贈与もできませんが、これからの保険料については手が打てます。契約者を本人から子などに変更し、保険料相当額以上の贈与を毎年行い、今後の保険料については子が負担します。こうすれば、保険料を支払った割合で受取保険金をあん分して、相続税と所得税が課税されることになります。変更が早ければ早いほど効果が高いでしょう。

ただし、途中で契約を変更するのですから、贈与の証拠をしっかり残して、契約者変更後は子が保険料を負担していることを明らかにしておく必要があるでしょう。

●保険の加入形態と保険の種類

契約者 （保険料負担者）	被保険者	保険金 受取人	保険の 種類	効　果
子	本人	子	終身保険	本人の相続対策 本人に万一のことがあった場合、子に死亡生命保険金がおり、相続税の納税資金となります。
子	配偶者	子	終身保険	2次相続対策 本人の配偶者に万一のことがあった場合（2次相続）、死亡生命保険金がおり、2次相続の相続税の納税資金となります。
孫	子	孫	終身保険 又は 養老保険	本人と次世代相続対策 子に万一のことがあった場合（次世代の相続）、相続税の納税資金となります。

04

「誰」が「何」を相続するかが節税のポイント

配偶者は評価の下がるものや収益を生まないものを相続し、
売却予定地の相続や小規模宅地等の特例の適用選択を
しない方がよいでしょう。また、土地は取得の仕方で
評価が変わりますので要注意です。

配偶者は何を相続するのがよいか

　資産家の相続税を減少させるポイントは、誰が何を取得するかです。子など次世代
への財産承継を考えた時、配偶者は法定相続分までの遺産を取得しても相続税がかか
らない上、基礎控除額はもとより低い累進税率を、被相続人とその配偶者の相続時に
２回使えるため、資産家の子にとっては配偶者を経由することが１つの相続税の節税
になります。

　しかし、被相続人より配偶者のほうが財産を多額に所有している場合には、配偶者
が法定相続分を取得しますと、２次相続時の相続税率が最初の相続時の税率と比較す
るとかえって高くなりますので、子にとっての相続税総額から考えると配偶者は遺産
を取得しない方が有利となることもあります。

配偶者の相続の有利不利

　配偶者が何を取得するかで2次相続に係る相続税額が大きく変わります。2次相続時の税金を考えると、配偶者は評価の下がるものや収益を生まないものを取得するとよいでしょう。

　例えば、居住用家屋や現預金がお勧めです。建物についての相続税評価額は固定資産税評価額とされており、時の経過とともに減価していくため、収益を生まない建物は確実に評価の下がる財産といえるからです。また、預貯金は豊かな老後生活のために使ったり、子や孫に贈与する等により減少する可能性が高いからです。

　なお、売却予定の土地は相続税を払わない配偶者が相続しないほうがよいでしょう。相続した土地を相続税の申告期限から3年以内に売却した場合、譲渡者が支払った相続税のうち、売却した土地に係る割合の部分を土地の取得費に加算できる特例があるからです。

小規模宅地等の特例を2回分活用

　また、小規模宅地等の特例の適用も配偶者が受けないほうがよいでしょう。同居している子がいるなら、自宅の敷地のうち330㎡は子が取得するとよいでしょう。特定居住用宅地等の80%評価減の適用は相続税のかからない配偶者でなく、相続税のかかる子が適用を受けるのが望ましいからです。そうすれば、父の1次相続時と母の2次相続時の2回とも小規模宅地等の特例の適用を受けることができ、最高660㎡までが80%評価減の対象となるのです。

分筆して相続した方が有利な場合

　複数の円満な関係の相続人がいる場合に、所有地が複数の道路に面している場合、一工夫すれば相続税評価が下がることがあります。例えば、評価の高い表通り（20万円）と評価の低い裏通り（15万円）の路線価が異なる二方に面している土地を母と子が共有で取得すると、表通りを基準に裏面影響加算をして評価します。

　ところが、2つに分筆して母と子が別々に土地を取得すると、裏通りに面した土地は裏面のみで評価することになり、相続税評価額が30％近くも下がります。取得後、母と子の2人が一体活用すれば、土地の財産価値は同じであるにもかかわらず、親子であっても取得者ごとに評価しますので有利となります。

　ただし、次に述べる地積規模の大きな宅地には該当しないことになるケースもあるのでご注意ください。

　相続に当たっては一工夫したいものです。

●分筆して相続したケース

〈一体で評価〉
〈評価額〉
（200千円 ＋150千円 × 0.02）× 800㎡
＝ 1億6,240万円

〈それぞれで評価〉
〈評価額〉
● 母 取 得 分　200千円 × 400㎡ ＝ 8,000万円
● 子 取 得 分　150千円 × 400㎡ ＝ 6,000万円
● 評価額合計　1億4,000万円

2,240万円評価が低くなる

共有で相続したほうが有利な場合

　地積規模の大きな宅地の場合、利用単位を変えずに活用して、面積のすべてに地積規模の大きな宅地評価を適用できるようしておくことも節税のポイントです。

　例えば、遺産の中に、三大都市圏の普通商業地区で容積率が200％の地域に450㎡のA宅地と450㎡のB宅地があるとします。AとBの宅地を別々に評価すると500㎡未満で、地積規模の大きな宅地としては評価できませんが、1人の人がどちらも相続すると500㎡以上になります。AとBを一体化して評価した場合、この宅地は地積規模の大きな宅地として大きく評価減されます。どちらか1人が相続するのではなく、どちらをも2人で相続して、共有するのも1つの方法です。

● **500㎡以上の土地を共有で取得**

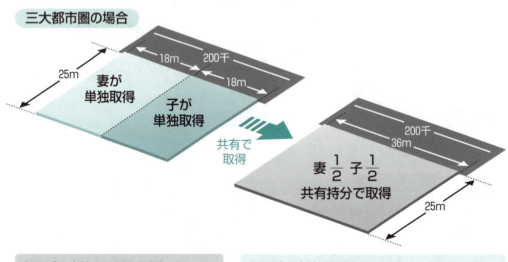

〈450㎡の土地2か所の評価〉
200千円 × 450㎡ ＝ 9,000万円
9,000万円 × 2か所 ＝ 1億8,000万円

〈900㎡の土地の評価〉
200千円 × **0.78** × 900㎡ ＝ 1億4,040万円

3,960万円有利！！

遺産分割は相続税を考慮する

相続が発生した場合、一番重要なことは、相続人にあまり過大な負担がかからず、相続して良かったと思えるような相続を実現することではないでしょうか。

その意味からいっても、相続税の問題は無視できません。前述してきましたように、遺産の分け方により相続税額が異なるのですから、可能な限り、相続税が高額にならないような配慮と工夫をすることは遺産分割には必要不可欠です。そのためにも、次の点を踏まえた考慮が必要でしょう。

①複数の道路に面している宅地は分筆して、取得者が異なると評価が低くなることがある

②地積規模の大きな宅地の評価減を受ける場合には、一体評価できる土地の面積は広いほうが評価が下がる

③誰が相続すれば小規模宅地等の特例の適用を受けられ、有利になるのか考慮して遺産分割する

④農地の納税猶予の適用を受けるには農業従事者が相続しなければならない

⑤配偶者の税額軽減を最大限活用して、その後、2次相続の対策をするのも有効な遺産分割である

誰が何を取得するかで、相続税額が異なるのですから、土地を分筆しておく、相続税を考慮した遺言書を書いておくなど、生前に十分な配慮と工夫をしておくことが安心な相続税申告の重要なポイントです。

05

生前に相続税の延納を理解し準備をする

相続税の納付方法は原則として現金納付ですが、
延納も認められています。ただし、金銭を納付できないやむを
得ない場合に限られ、担保提供等が必要です。
利子税が非常に低く、金融機関からの借り入れでの納付より有利です。

現金納付が不可能な場合には延納や物納

相続税の納税については、現金で納付することができない場合に限り、①何年かにわたって金銭で納める延納、②相続又は遺贈でもらった財産そのもので納める物納、という２つの納税方法が認められています。

この延納又は物納を希望する場合には、申請期限までに税務署に申告書などを提出して許可を受ける必要があります。

延納の要件と許可

国税は金銭で一時に納付することが原則です。しかし、相続税は財産課税の性格を有していることから、相続した財産の大半が土地、家屋等の不動産のような場合には納税資金が準備できず、期限までに全額を納付することができない場合があります。このような事態に対処するために、次のような要件のもと、納税者の申請により年賦で納付することができます。これを延納といい、延納期間中は利子税の納付が必要です。

●相続税の納付方法の順序

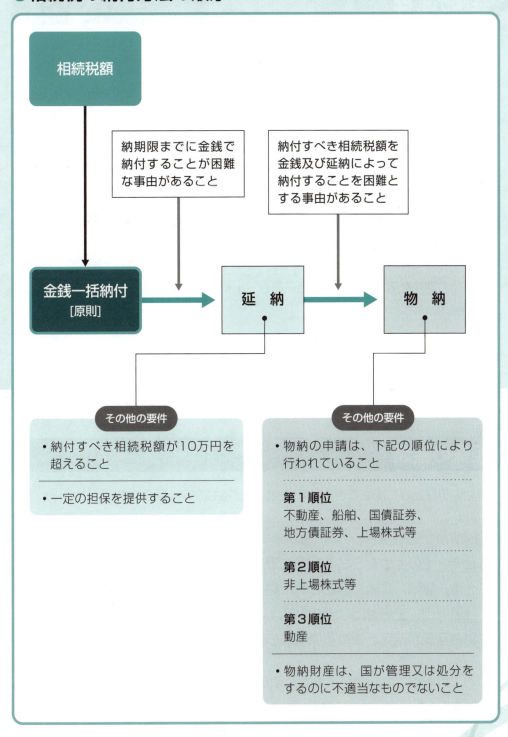

延納の要件

①相続税額が10万円を超えること
②金銭で納付することを困難とする事由があり、かつ、その納付を困難とする金額の範囲内であること
③延納税額及び利子税の額に相当する担保を提供すること
（延納税額が100万円以下で、かつ、延納期間が3年以下である場合には担保を提供する必要はない）
④相続税の延納申請期限までに、延納申請書に担保提供関係書類を添付して税務署長に提出すること

これらの要件を満たしている場合に限り、延納の許可を受けることができます。

担保の種類

延納の担保として提供できる財産は次に掲げるもの等に限られます。

①国債及び地方債
②社債、その他の有価証券で税務署長が確実と認めるもの
③土地、建物、立木、登記された船舶などで保険を附したもの
④鉄道財団、工場財団などの財団
⑤税務署長が確実と認める保証人の保証

なお、相続等により取得した財産に限らず、相続人の固有財産や共同相続人又は第三者の所有財産であっても担保として提供できます。また、税務署長が延納の許可をする場合において、延納申請者の提供する担保が適当でないと認めるときには、その変更が求められます。

延納の許可までの審査期間

　延納申請書が提出された場合、その延納申請に係る要件の調査結果に基づいて、延納申請期限から3か月以内に許可又は却下が行われます。よって、延納をやめて売却したい場合は、急いで延納を取り下げなければならないことにご留意ください。

　なお、延納担保などの状況によっては、許可又は却下までの期間が最長で6か月まで延長される場合があります。

延納期間及び延納利子税

　延納のできる期間と延納税額に係る利子税の割合については、その人の相続税額の計算の基礎となった財産の価額の合計額のうちに占める不動産等の価額の割合によって、おおむね282ページのようになります。

　延納利子は市場金利と変わらないか、それよりも安くなっておりますので、金融機関に借りて相続税を払うより、単利の延納を選んだほうが有利といえます。

延納の注意点

　相続税の納付については、原則として、各相続人等が相続又は遺贈により受けた利益の価額を限度として、お互いに連帯して納付しなければならない義務があります。しかし、本来の納税義務者が延納の許可を受けた相続税額にかかる相続税については、連帯納付義務から除かれていますので、ご安心ください。

●延納期間及び延納利子税

区分		延納期間 (最高)	延納利子税割合 (年割合)	特例割合
不動産等の割合が75%以上の場合	①動産等に係る延納相続税額	10年	5.4%	0.6%
	②不動産等に係る延納相続税額(③を除く)	20年	3.6%	0.4%
	③森林計画立木の割合が20%以上の森林計画立木に係る延納相続税額	20年	1.2%	0.1%
不動産等の割合が50%以上75%未満の場合	④動産等に係る延納相続税額	10年	5.4%	0.6%
	⑤不動産等に係る延納相続税額(⑥を除く)	15年	3.6%	0.4%
	⑥森林計画立木の割合が20%以上の森林計画立木に係る延納相続税額	20年	1.2%	0.1%
不動産等の割合が50%未満の場合	⑦一般の延納相続税額(⑧、⑨及び⑩を除く)	5年	6.0%	0.7%
	⑧立木の割合が30%を超える場合の立木に係る延納相続税額(⑩を除く)	5年	4.8%	0.5%
	⑨特別緑地保全地区等内の土地に係る延納相続税額	5年	4.2%	0.5%
	⑩森林計画立木の割合が20%以上の森林計画立木に係る延納相続税額	5年	1.2%	0.1%

※令和6年1月1日現在

延納するかどうかを考えておく

　遺産分割もまとまらない状態では延納は困難です。だからこそ、不動産所有者は子たちがどのように相続税を払うのかを生前に検討しておくことが大切です。もし、延納を選択するつもりなら、その場合には、生前に延納できる要件を準備しておくことが望ましいでしょう。

　また、すでに説明しましたように、相続で金融資産をもらわなかったとしても、相続人が今まで貯蓄してきた金融資産で払わなくてはならないのですから、非常に資金繰りが厳しい状態にもなりかねません。もし、延納を選択して、相続後に家族の資金を少しでも手元に置いておきたいなら、相続等で財産を取得した相続人の１人が金融資産を持たないような遺産分割をするなどの一工夫がいるかもしれません。

06

生前に相続税の物納を理解し準備する

現金納付も延納もできない場合に限り物納が認められていますが、

物納には順番や、劣後、不適格等の厳しい条件が定められています。

収納価額は相続税評価額であり、

売却と比較し有利な時に物納を検討しましょう。

現金納付も延納も不可能な場合に物納

　相続税の納税については、現金納付や延納をすることができない場合に限り、相続又は遺贈でもらった財産そのもので納める物納という納税方法が認められています。

　この物納を希望する場合には、申請期限までに税務署に申請書などを提出して許可を受ける必要があります。

物納とは

　国税は金銭で一時に納付することが原則です。しかし、相続した財産の大半が不動産等である場合には、期限までに全額を納付することができない場合のみならず、分割払いである延納ですら納付することができないことも考えられます。このような事態に対処するために、納税者の申請により、金銭や延納での納付が困難である金額の範囲内であれば、次のような厳しい一定の要件を満たした物納可能財産により相続税を物納することができます。

物納の要件

次の要件をすべて満たしている場合には物納をすることができます。

①期限内に金銭で金額を納付することが困難な場合

②延納によっても金銭で納付することを困難とする事由があり、かつ、その納付を困難とする金額を限度としていること

③物納申請財産は、相続税の課税価格計算の基礎となった相続財産のうち、次に掲げる財産及び順位で、日本国内にあるものであること

なお、後順位の財産は、特別の事情があると認められる場合及び先順位の財産に適当な価額のものがない場合に限って物納することができます。

順　　位	物納に充てることのできる財産の種類
第1順位	①　不動産、船舶、国債証券、地方債証券、上場株式等※1 ※1　特別の法律により法人の発行する債券及び出資証券を含み、短期社債等を除きます。
	②　不動産及び上場株式のうち物納劣後財産に該当するもの
第2順位	③　非上場株式等※2 ※2　特別の法律により法人の発行する債券及び出資証券を含み、短期社債等を除きます。
	④　非上場株式のうち物納劣後財産に該当するもの
第3順位	⑤　動産

④物納できる財産は、管理処分不適格財産に該当しないこと及び、物納劣後財産に該当する場合には、他に物納できる適当な財産がないこと

⑤相続税の物納申請期限までに、物納申請書に物納手続関係書類を添付して税務署長に提出すること

物納不適格財産（管理処分不適格財産）とは

　物納が認められない管理処分不適格である不動産とは、例えば、次のような不動産をいいます。

①抵当権等担保権の設定の登記がされている不動産

②権利の帰属について争いがある不動産

③境界が明らかでない土地

④争訟によらねば通常の使用ができないと見込まれる不動産

⑤公道に通じない土地で通行権の内容が明確でないもの

⑥借地権を有する者が不明である等の貸地

⑦耐用年数を経過している建物

⑧敷金等の返還義務その他の債務がある不動産

⑨管理や処分に要する費用が過大と見込まれる不動産

⑩引き渡しに必要とされている行為がされていない不動産等

⑪地上権、永小作権、賃借権等の使用及び収益を目的とする権利が設定されている不動産

　なるほど売るに売れない、かつ、管理処分が非常に困難な不動産ばかりですが、これらにも相続税がかかるのです。残しておきたいと思わない限り、こんな不動産は生前に何らかの手を打ち、売却してしまうか、物納できるように整備しておくことが安心な納税対策となります。

物納劣後財産とは

　他に適当な価額の物納可能な財産がない場合には、例外的に物納劣後財産である不動産であっても物納不適格財産でない限り、物納に充てることができます。例えば、次のような財産です。

①地上権や小作権、地役権又は入会権等が設定されている土地
②違法建築された建物及びその敷地
③区画整理法による仮換地や使用収益許可がされていない土地
④納税義務者の居住用又は事業用の建物及びその敷地
　（納税義務者が物納許可の申請をした場合を除く）
⑤配偶者居住権の目的となっている建物及びその敷地
⑥劇場、工場、浴場等の管理に特殊技能を要する建物及び敷地
⑦建築基準法上の道路に２ｍ以上接していない土地
⑧開発許可基準に適合しない開発行為にかかる土地
⑨市街化区域以外にある土地、農用地区・保安林等にある土地
⑩建物の建築等をすることができない土地
⑪過去に生じた事件等により、正常な取引が行われないおそれがある不動産及びこれに隣接する不動産等

　物納不適格財産ほど管理処分できないとは言い切れませんが、非常に売却しにくい不動産です。たとえ、売れたとしても相続税評価額ではなかなか売却できないと思われます。

　しかし、劣後であっても物納できない不動産ではないので、これらの不動産の物納を許可してもらうことこそが、有利な納税方法といえるでしょう。もし、物納劣後財産の物納を望むなら、その場合には、相続人がその財産でしか物納できない等の物納要件を充足できるような遺産分けをすることが必要です。

物納財産の価額（収納価額）とは

　物納財産の国の収納価額は、原則として相続税の課税価格計算の基礎となった評価額になります。売却と比べると適用要件は厳しいですが、価格で交渉する必要がないので便利な場合もあります。よって、物納するかどうかは、必ずいくらで売却できるか、信頼できる専門家に確認して、有利不利を判断してください。

　なお、小規模宅地等の特例の適用を受けた宅地等を物納する場合の収納価額は、特例適用後の価額となりますので、物納するのは避けたほうがよいでしょう。

物納要件を充足するための注意点

　前述したように、物納要件は非常に厳しく、相続が発生してから慌てて物納要件を充足しようとしても、申告期限まで10か月しかありませんので、間に合わないケースが多いと思われます。

　したがって、金銭が少なく収益も見込めないため延納が不可能と思われる相続人は、相続が起こる前に物納要件を満たすように次のような事前準備をしておくことが必要です。

①抵当権を他の不動産に移し替える

②不動産の権利帰属の争いを終結しておく

③土地の境界を確定しておく

④無道路地に２ｍ以上の道路付けをする

⑤借地権者を確定しておく等の対策を急いで実践しておく

生前に準備しておく

　遺産分割もまとまらない状態では延納は困難です。だからこそ、不動産所有者は子たちがどのように相続税を払うのかを生前に検討しておくことが大切です。もし、延納を選択するつもりなら、その場合には、生前に延納できる要件を準備しておくことが望ましいでしょう。

　また、持っている金融資産と今後の収入のすべてを相続税の納税に充当すると、今後の生活に余裕がなく、何とか物納をしたいこともあります。相続税評価額では売却できない土地や、建築できない物納劣後財産に該当する土地ならば、ぜひ物納したいと思うでしょう。これらの場合には、遺産分割を一工夫して、その特定の相続人についてはその財産の物納以外に納税の方法がないような遺産分割をするのも賢い方法でしょう。

相続した土地を国庫に帰属させる制度

　相続又は遺贈（相続人に対する遺贈に限る）によりその土地の所有権の全部又は一部を取得した土地の所有者は、法務大臣に対し、何年前の相続であっても、その土地の所有権を国庫に帰属させることについての承認を求めることができます。

　なお、相続により共有で取得した場合には、共有者全員で国庫帰属の申請をしなければなりません。

　申請により、法務大臣（法務局）が実地調査などの要件審査を行い、承認申請に係る土地に建物が建っているなど、承認不可の土地に該当しないときは、国庫帰属についての承認を受けることができます。承認申請者は、承認申請に対する審査手数料のほか、土地の性質に応じた標準的な管理費用を考慮して算出した10年分の土地管理費相当額の負担金を納めなければなりません。現状の国有地の標準的な管理費用10年分は、粗放的な管理で足りる原野約20万円、市街地の宅地（200㎡）約80万円等となっており、地目、面積、周辺環境等の実情に応じて規定されています。

　国に引き取ってもらえるといっても費用がかかることにご注意ください。

●国庫に帰属させることができない土地の例

> ・建物がある土地
> ・担保権や使用収益権が設定されている土地
> ・他人の利用が予定されている土地
> ・特定有害物質により土壌汚染されている土地
> ・境界が明らかでない土地・所有権の存否や帰属、範囲について争いがある土地
> ・一定の勾配・高さの崖があって、かつ、管理に過分な費用・労力がかかる土地
> ・土地の管理・処分を阻害する有体物が地上にある土地
> ・土地の管理・処分のために、除去しなければいけない有体物が地下にある土地　等

●負担金算定の具体例

① 宅地	面積にかかわらず、20万円	
	ただし、一部の市街地※1の宅地については、面積に応じ算定※2	（例） 100㎡　約55万円 200㎡　約80万円 ⋮　　　⋮
② 田、畑	面積にかかわらず、20万円	
	ただし、一部の市街地※1、農用地区域等の田、畑については、面積に応じ算定※2	（例） 500㎡　　約72万円 1,000㎡　約110万円 ⋮　　　　⋮
③ 森林	面積に応じ算定※2	（例） 1,500㎡　約27万円 3,000㎡　約30万円 ⋮　　　　⋮
④ その他 ※雑種地、原野等	面積にかかわらず、20万円	

※1　都市計画法の市街化区域又は用途地域が指定されている地域。
※2　面積の単純比例ではなく、面積が大きくなるにつれて1㎡当たりの負担金額は低くなる。

負担金計算の特例

　承認申請者は法務大臣に対して、隣接する2筆以上の土地について、一つの土地とみなして、負担金の額を算定することを申し出ることができる。

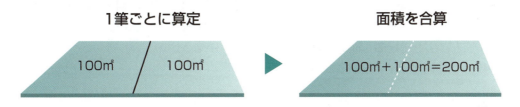

（例）隣接する2筆の土地を申請する場合（例：市街化区域外の宅地）

1筆ごとに算定

面積を合算

（例）宅地：100㎡の土地×2＝40万円

（例）宅地：200㎡の土地×1＝20万円

（出典：法務省「令和3年民法・不動産登記法改正、相続土地国庫帰属法のポイント（令和6年7月版）」）

著者プロフィール

税理士 今仲 清（いま なか きよし）

《略歴》

1984年　税理士事務所開業。

1988年　㈱経営サポートシステムズ設立。

2013年　税理士法人今仲清事務所に組織変更。

現在、不動産有効活用・相続対策の実践活動を指揮しつつ、セミナー講師として年間100回にものぼる講演を行っている。

● 一般財団法人都市農地活用支援センター・アドバイザー

● 公益財団法人区画整理促進機構・派遣専門家

● 事業承継協議会事業承継税制検討委員会・元委員

《著書》

『土地有効活用の税金ガイド Q&A』『ことしの土地・住宅税制はこう変わる』『成功する「生前贈与」』『どうなる!? どうする!? 都市農地の税金対策』『空き家対策推進法と税金特例活用ガイド』『不動産保有会社活用のすすめ』『固定資産税・知ってトクするしくみと対策』『決定版　新・事業承継税制のポイント』『図解・都市農地の特例活用と相続対策』『どうなるマイナンバー！資産透明化時代の相続税対策』『否認を受けない税務申告のポイント』（清文社）

『Q&A 病院・診療所の相続・承継をめぐる法務と税務』（新日本法規）

『すぐわかる　よくわかる税制改正のポイント』『中小企業の事業承継戦略』『相続税の申告と書面添付　安心の相続を実現するために』（TKC出版）

『相続税・マンション評価の実務』『特例事業承継税制徹底活用マニュアル』『個人版事業承継税制・小規模宅地特例の活用マニュアル』『資産家タイプ別　相続税節税マニュアル』『相続税の申告書作成ガイドブック』『一問一答　新しい都市農地制度と税務』（ぎょうせい）

他多数

《事務所》

税理士法人　今仲清事務所

㈱経営サポートシステムズ

〒591-8025　堺市北区長曽根町3077番3 Feliseed 中百舌鳥

TEL 072-257-6050　　FAX 072-257-2575

メールアドレス　imanaka1@tkcnf.or.jp

ホームページ　https://www.imanaka-kaikei.co.jp/

代表社員
税理士 坪多 晶子（つぼた あきこ）

《略歴》

京都市出身。大阪府立茨木高校卒業。神戸商科大学卒業。

1990年　坪多税理士事務所設立。

1990年　有限会社　トータルマネジメントブレーン設立、代表取締役に就任。

2012年　税理士法人　トータルマネジメントブレーン設立、代表社員に就任。

上場会社の非常勤監査役やNPO法人の理事及び監事等を歴任、現在TKC全国会中央研修所副所長、TKC全国会資産対策研究会副代表幹事。上場会社や中小企業の資本政策、資産家や企業オーナーの資産承継や事業承継、さらに税務や相続対策などのコンサルティングには、顧客の満足度が高いと定評がある。また、全国で講演活動を行っており、各種税務に関する書籍も多数執筆。

《著書》

『もめない相続　困らない相続税－事例で学ぶ幸せへのパスポート－』（清文社）

『成功する事業承継Q&A150～遺言書・遺留分の民法改正から自社株対策、法人・個人の納税猶予まで徹底解説～』（清文社）

『資産家のための　かしこい遺言書－幸せを呼ぶ20の法則－』（清文社）

『弁護士×税理士と学ぶ"争族"にならないための法務と税務［令和6年民法・税法・登記法版］』（ぎょうせい）

『賢い生前贈与と税務Q&A』（ぎょうせい）

『相続税を考慮した遺言書作成マニュアル～弁護士×税理士がアドバイス！～』（日本法令）

『事例でわかる　生前贈与の税務と法務』（日本加除出版）

『これで解決！困った老朽貸家・貸地問題』（清文社）共著

『Q&A115　新時代の生前贈与と税務』（ぎょうせい）

『すぐわかる　よくわかる　税制改正のポイント』（TKC出版）共著

『資産家のための　民法大改正　徹底活用－相続法・債権法＆税金－』（清文社）共著

他多数

《主宰会社》

税理士法人　トータルマネジメントブレーン

有限会社　トータルマネジメントブレーン

〒530-0045　大阪市北区天神西町5-17 アクティ南森町6階

TEL 06-6361-8301　　FAX 06-6361-8302

メールアドレス　tmb@tkcnf.or.jp

ホームページ　https://www.tsubota-tmb.co.jp

新版　なるほど！　そうなのか！

図解でわかる　不動産オーナーの相続対策

2024年9月6日　発行

著　者　今仲　清／坪多　晶子 ©

発行者　小泉　定裕

発行所　株式会社　清文社

東京都文京区小石川1丁目3-25（小石川大国ビル）
〒112-0002　電話03（4332）1375　FAX03（4332）1376
大阪市北区天神橋2丁目北2-6（大和南森町ビル）
〒530-0041　電話06（6135）4050　FAX 06（6135）4059
URL https://www.skattsei.co.jp/

印刷：大村印刷㈱

■著作権法により無断複写複製は禁止されています。落丁本・乱丁本はお取り替えします。
■本書の内容に関するお問い合わせは編集部までFAX（06-6135-4056）又はメール（edit-w@skattsei.co.jp）でお願いします。
■本書の追録情報等は、当社ホームページ（https://www.skattsei.co.jp）をご覧ください。

ISBN978-4-433-72394-1